# FÉDÉRATION DES AMICALES

## d'Institutrices et d'Instituteurs publics

### DE FRANCE ET DES COLONIES

*Siège de la Fédération : 73, Rue Notre-Dame-de-Nazareth, Paris, III<sup>e</sup>*

# CONGRÈS DE NIMES

## 10-11-12 Août 1914

# LE MONOPOLE

# DE L'ENSEIGNEMENT

**Rapporteur : REPIQUET**

*Directeur d'Ecole à Châlon-sur-Saône*

# Le « monopole » de l'Enseignement

## Très rapide coup d'œil rétrospectif

Avant la Révolution, l'idée de considérer l'enseignement primaire comme un devoir de la société envers les enfants du peuple n'était point, je ne dirai pas acceptée, mais n'était pas même soupçonnée par les gouvernements.

Il existait des écoles de charité où les enfants abandonnés et les orphelins recevaient une instruction rudimentaire. Elles étaient généralement fondées par les ministres du culte. Toutefois, elles pouvaient l'être par des particuliers lorsqu'ils avaient obtenu l'autorisation du recteur ou de l'évêque.

Des écoles paroissiales étaient également fondées par les curés qui en les organisant et en les annexant au presbytère (on les nomme quelquefois, à cause de cette particularité : écoles presbytérales), obéissaient à une des décisions du Concile de Trente.

Généralement dirigées par les prêtres, entretenues par eux, elles pouvaient, parfois, être confiées à des laïques ; mais le choix et la désignation du maître étaient absolument réservés à l'évêque.

Les paroisses établissaient aussi des « *petites écoles* » dont le maître était choisi par les magistrats communaux, et passait avec eux un contrat qui fixait à la fois son travail et son salaire.

Enfin, des écoles privées dont les maîtres avaient pu se munir des approbations nécessaires, étaient autorisées à s'ouvrir. Les élèves fréquentant ces écoles payaient à l'instituteur la rétribution que celui-ci avait fixée.

Dans toutes ces écoles, d'ailleurs, le programme était excessivement réduit. On se bornait à enseigner aux élèves la lecture, l'écriture, un peu de calcul ; mais ce qu'on se proposait surtout c'était de leur faire connaître les pratiques et les mystères de « notre sainte religion ».

On n'envisageait en aucune façon le pouvoir éducatif de l'instruction populaire et l'enseignement était surtout confessionnel.

Par une sorte de compromis tacite, le pouvoir royal et le pouvoir ecclésiastique s'appuyaient l'un sur l'autre. Si parfois des conflits, même violents en apparence, s'élevaient entre eux, c'étaient des conflits tout de surface qui n'étaient aucunement susceptibles, au fond, d'amener l'un à se dresser contre l'autre.

C'est dans la constitution de 1791 que, pour la première fois, fut proclamée la nécessité d'une organisation de l'enseignement populaire : « Il sera créé et organisé une instruction publique commune à tous les citoyens, gratuite à l'égard des parties d'enseignement indispensables à tous les hommes ».

En 1792, la Convention décida « que des écoles primaires seraient ouvertes sur tout le territoire de la République ». Le programme arrêté comprenait « les connaissances rigoureusement nécessaires à tous les citoyens : la lecture, l'écriture, les règles de l'arithmétique, les premières connaissances morales, naturelles et économiques ».

Le même décret du 22 frimaire, an I, décidait que les personnes chargées de cet enseignement se nommeraient les instituteurs.

Déjà, l'on envisageait la neutralité religieuse de l'école : « L'enseignement devant être commun à tous les hommes, sans distinction de culte, tout ce qui concerne le culte religieux ne sera enseigné que dans les temples. »

Le 29 frimaire, an II, la Convention proclamait la liberté d'enseignement. Elle établissait également l'obligation scolaire : « Les pères, mères, tuteurs ou curateurs ont l'obligation d'envoyer leurs enfants ou pupilles aux écoles du 1er degré d'instruction. » Les contrevenants étaient passibles de l'amende, et en cas de récidive encouraient la perte de leurs droits de citoyen pendant 10 ans.

La loi du 3 brumaire, an IV, supprima l'obligation scolaire. Elle laissait aux communes elles-mêmes, la liberté d'ouvrir ou de ne pas ouvrir d'école.

Ainsi, pendant la Révolution, de grands principes furent proclamés, des réformes essentielles furent tentées. Cependant rien ne fut réalisé : on ne saurait trop s'en étonner. Une tâche plus urgente retenait alors l'attention de ceux qui avaient charge des destinées de notre pays. Obligés de lutter à la fois contre l'étranger pour défendre le territoire et contre les ennemis de l'intérieur pour défendre la République, ils ne purent mettre à exécution leurs généreux projets. Il reste du moins aux assemblées révolutionnaires le grand honneur et le mérite incontestable de les avoir conçus.

Sous le Consulat, la loi du 11 floréal, an X, prescrit que l'instruction sera donnée dans les écoles primaires établies par les communes. Les instituteurs, nommés par les maires, seront logés par les municipalités et recevront une rétribution des familles. Cette loi ne fut, d'ailleurs, jamais mise à exécution.

Le 10 mai 1806, Napoléon Ier créa l'Université impériale

et lui donna le Monopole de l'enseignement dans tout l'Empire.

Nul ne pouvait ouvrir une école, nul ne pouvait enseigner s'il n'était membre de l'Université ; cependant les professeurs des grands séminaires et les frères de la doctrine chrétienne étaient, par exception, autorisés à donner l'enseignement.

Le programme des écoles primaires était réduit de nouveau et comprenait seulement la lecture, l'écriture et les premières notions de calcul.

Le 17 mars 1808, un statut impérial édictait que « toutes les écoles doivent prendre pour base de leur enseignement les préceptes de la foi catholique, la fidélité à l'empereur, à la monarchie impériale et à la dynastie napoléonienne ».

Les écoles primaires étaient soumises à la surveillance directe des maires, des sous-préfets et des préfets.

Il va sans dire que l'Eglise, d'accord, pour une fois, avec les simples libéraux et les républicains convaincus, détestait le Monopole et en réclamait la suppression. L'ordonnance du 5 octobre 1814, confirmée par la loi du 2 janvier 1817, autorisa les évêques à entretenir des écoles ecclésiastiques dont les élèves ne fussent pas astreints à suivre les cours des lycées et collèges. Il y avait donc, à dater de ce moment, une série d'élèves préparant le baccalauréat et pouvant s'y présenter sans avoir reçu l'enseignement de l'Université. Le monopole absolu avait duré moins de 7 ans.

Louis XVIII et, après lui, Charles X lui-même, conservèrent le Monopole malgré les ardentes réclamations du clergé qui, cependant, en était le bénéficiaire, et les non moins ardentes réclamations du parti libéral.

L'ordonnance royale du 29 février 1816 imposait aux communes l'obligation de donner gratuitement l'instruction primaire aux enfants indigents. Les instituteurs primaires, pour être agréés devaient soumettre au Recteur de leur Académie un certificat de bonne conduite signé *du curé et du maire* de leur commune. Il leur était imposé un brevet de capacité et l'obligation de se munir d'une autorisation spéciale pour un lieu déterminé. Cette autorisation devait être agréée par le Préfet.

L'ordonnance du 21 avril 1828 exigeait en outre, de tout candidat aux fonctions d'instituteur, qu'il présentât un certificat d'instruction religieuse délivré par l'évêque, par son délégué, ou à défaut, par le curé de la paroisse.

Sous Louis-Philippe, Guizot fit voter par les Chambres la loi du 28 juin 1833.

Toute commune était dans l'obligation d'ouvrir au moins une école primaire élémentaire. Il était cependant loisible à plusieurs communes de se réunir pour fonder et pour entretenir à frais communs une école commune.

Le programme des Ecoles primaires fixé par l'article premier comprend : la lecture, l'écriture, les éléments de la langue française et de calcul, le système légal des poids et mesures et l'instruction morale et religieuse.

A remarquer qu'il est stipulé que le vœu des pères de famille sera toujours consulté et suivi en ce qui concerne la participation de leurs enfants à l'instruction religieuse.

L'art. 3 de la loi consacre la liberté d'enseignement.

Tout individu, âgé de 18 ans accomplis peut exercer la profession d'instituteur primaire. Il lui suffit de présenter au maire de la commune où il désire exercer : 1° son brevet de capacité ; 2° un certificat de moralité délivré par le maire de la commune, ou par les maires des diverses communes où il a demeuré durant les trois dernières années.

La surveillance des écoles primaires était confiée : 1° aux comités d'arrondissement qu'avait créés l'ordonnance du 21 avril 1828 ; 2° à un comité local composé du maire ou de l'adjoint, président ; du curé ou du pasteur, et d'un ou de plusieurs habitants notables de la commune.

Les Inspecteurs et les Sous-Inspecteurs de l'enseignement primaire ne furent créés que plus tard par les ordonnances du 26 février 1835 et du 13 novembre 1837.

Après la proclamation de la République, un nouveau projet sur l'enseignement fut présenté par Hippolyte Carnot ; mais le gouvernement, sous la présidence du prince Napoléon, lui substitua un autre projet qui, voté par la Chambre le 15 mars 1850, est connu sous le nom de loi Falloux.

Cette loi, préparée de longue main par M. de Montalembert, fut en quelque sorte acceptée par le prince-président, par une sorte de compromis.

Celui-ci écrivait dans son manifeste du 29 novembre : « La protection de la religion entraîne, comme conséquence, la liberté d'enseignement. »

Le marché est patent : le gouvernement du futur empereur des Français payait aux catholiques, par la loi Falloux, l'appui électoral de l'Eglise.

La loi elle-même a disparu, ses derniers vestiges ayant été abrogés par la loi du 30 octobre 1886 ; mais cette dernière Loi a gardé, dans son ensemble, l'empreinte de la loi qu'elle remplaçait.

Examinons cependant, et surtout au point de vue qui nous préoccupe actuellement, les dispositions de la loi du 15 mars 1850.

Elle décide que toute commune doit entretenir une ou plusieurs écoles publiques, mais le Conseil académique peut relever une commune de cette obligation à condition qu'elle fasse donner aux indigents l'instruction primaire dans une école libre.

Le programme comprend : la lecture, l'écriture, les éléments de la langue française, le calcul, le système métrique. A titre facultatif, on pouvait enseigner les éléments de l'histoire et de la géographie, des notions de sciences physiques et naturelles, des notions sur l'agriculture, l'industrie et l'hygiène, l'arpentage, le nivellement, le dessin linéaire, le chant et la gymnastique.

A côté des écoles publiques, ouvertes et entretenues par l'Etat, les départements et les communes, la loi autorisait l'ouverture d'écoles libres fondées par des particuliers ou des associations.

Cependant, certaines garanties étaient exigées. Les personnes qui désiraient ouvrir une école devaient remplir l'une des conditions suivantes : présenter le brevet de capacité ou un titre reconnu équivalent, posséder le baccalauréat, avoir le titre de ministre d'un des cultes reconnus par l'Etat, à condition de n'avoir été ni interdit ni révoqué, justifier d'une admission dans une des écoles spéciales de l'Etat, ou produire un certificat délivré par le Conseil académique constatant que l'on avait enseigné comme adjoint, au moins pendant 3 ans les matières obligatoires inscrites au programme.

Les instituteurs-adjoints n'étaient soumis à aucune de ces obligations.

De plus, les institutrices appartenant à une congrégation enseignante enseignaient en vertu de lettres d'obédience délivrées par la supérieure de leur congrégation.

Les instituteurs-adjoints laïques étaient nommés et révocables par l'instituteur titulaire sous réserve de l'approbation du recteur. Les membres des congrégations étaient nommés et révocables par le supérieur de leur congrégation.

La loi Falloux resta applicable durant toute la durée du règne de Napoléon III.

Indiquons, cependant, que la loi du 14 juin 1854 donna aux inspecteurs d'Académie la charge d'instruire les affaires relatives à l'enseignement primaire dans leur département et que la loi du 10 avril 1867 apportait quelques modifications au *modus vivendi* de l'enseignement primaire en ce qui concerne la création des écoles primaires et leur programme, à la situation des adjoints et des adjointes, et enfin au traitement des maîtres.

Elle soumettait à l'inspection les écoles libres *tenant lieu d'écoles publiques.*

La 3e République reprit l'œuvre ébauchée par la Révolution.

Les lois du 19 juillet 1875 et du 17 août 1876 modifiaient les conditions de classement, fixaient les règles d'avancement, les droits d'admission à la retraite.

La loi du 1er juin 1878, modifiée par les lois du 3 juillet 1880, du 2 août 1881 et du 20 mars 1883 créa et dota la Caisse des écoles afin de permettre au ministre d'accorder des subventions aux communes qui voulaient faire édifier des bâtiments scolaires.

La loi du 9 août 1879, arrêta que tout département devait être pourvu d'une école normale d'instituteurs et d'une école normale d'institutrices.

La loi du 27 février 1880 modifia la composition du Conseil supérieur de l'Instruction publique. Tous les membres étaient nommés, jusque là, par le Président de la République. Elle le transforma en une assemblée dont la majorité des membres sont élus où l'enseignement privé a ses représentants.

La loi du 16 juin 1881 établit la gratuité de l'enseignement primaire.

Une autre loi votée le même jour était relative aux titres de capacité. Elle supprima définitivement la lettre d'obédience, ainsi que les diverses équivalences admises jusqu'à ce jour et arrêta qu'à l'avenir les instituteurs-adjoints devront, dans l'enseignement privé comme dans l'enseignement public, être pourvus du brevet de capacité.

Quelques dispositions transitoires étaient votées, mais ce n'est point ici le lieu de les rappeler.

La loi du 28 mars 1882 établit l'enseignement primaire obligatoire, mais laissa au père de famille le droit de faire instruire son enfant soit à l'école publique, soit à l'école privée, soit enfin dans sa propre famille.

Elle organisa les Commissions scolaires chargées de veiller à l'application de la loi et prescrivit que les enfants instruits dans la famille seraient appelés à passer un examen sur les matières enseignées dans les écoles publiques aux enfants de leur âge.

Cette même loi substitua dans les programmes les mots : « instruction morale et civique » aux mots : « instruction morale et religieuse ».

En retranchant ainsi l'enseignement religieux du programme de l'école primaire, le législateur établissait le principe de la neutralité religieuse dans l'enseignement primaire.

Elle enleva aux différents ministres des cultes le droit d'inspection et de surveillance des écoles primaires publiques.

Elle institua le certificat d'études primaires et rendit obligatoire la création d'une Caisse des écoles dans chaque commune.

La loi du 30 octobre 1886, véritable loi organique actuelle de l'enseignement primaire, abrogea ce qui restait en vigueur de la loi Falloux.

Nous ne l'examinerons qu'au point de vue particulier de la situation qu'elle fait à l'enseignement privé.

Elle admet le principe de la liberté d'enseignement en reconnaissant régulière l'existence d'établissements d'enseignement primaire, soit publics, soit privés.

Elle laisse aux directeurs et aux directrices d'écoles privées, la liberté complète dans le choix des livres d'études, des méthodes d'enseignement et des programmes. Seuls, les livres interdits par le Conseil supérieur de l'Instruction publique comme contraires à la morale, à la constitution et aux lois ne peuvent être mis en usage dans les écoles privées. C'est d'ailleurs sur ce seul point que peuvent porter les observations des inspecteur. primaires.

L'ouverture d'une école privée est soumise à la formalité d'une déclaration à faire au maire de la commune, au préfet du département, au procureur de la République et à l'inspecteur d'Académie.

Elle supprime, par prétérition, la faculté que la loi de 1850 laissait aux communes, de ne point ouvrir d'école, sous réserve qu'elles assureraient l'instruction des enfants indigents en la leur faisant donner à titre gratuit dans une école privée.

Elle exige de tout instituteur, soit public, soit privé, la qualité de Français. (Toutefois, les étrangers admis à jouir des droits civils peuvent être autorisés par le Ministre à exercer dans les écoles privées).

Elle décide que nul ne pourra avoir la qualité d'instituteur-adjoint avant l'âge de 18 ans pour les hommes, de 17 ans pour les femmes, qu'il s'agisse de l'enseignement public ou de l'enseignement libre ; que nul ne pourra être placé à la tête d'une école avant l'âge de 21 ans, que nul enfin, s'il n'est âgé de 25 ans, au moins, ne pourra ouvrir un établissement d'instruction recevant des internes.

Elle demande enfin, aux maîtres, des garanties de moralité et de capacité.

C'est la loi du 30 octobre 1886 qui rendit obligatoire, pour avoir le titre d'instituteur titulaire, la possession du Certificat d'aptitude pédagogique.

Tant qu'un maître n'en est point pourvu, il n'exerce, dans l'enseignement public, s'entend, qu'en vertu d'une délégation de l'inspecteur d'Académie et a le titre de stagiaire.

La loi laissa au préfet la nomination des instituteurs, mais limita son pouvoir. C'est seulement sur la proposition de l'inspecteur d'Académie que le préfet peut faire une nomination ou décider d'un changement de résidence.

L'art. 17 dit : « Dans les écoles publiques, l'enseignement doit être confié à un personnel exclusivement laïque. »

C'est là une conséquence inéluctable de la proclamation du principe de la neutralité confessionnelle de l'école.

La loi fixait un délai de 5 ans pour la laïcisation définitive des écoles de garçons, mais elle n'en fixait pas en ce qui concerne la laïcisation des écoles de filles.

Elle arrête les peines qui, administrativement, peuvent frapper l'instituteur : 1° la réprimande ; 2° la censure ; 3° la révocation ; 4° l'interdiction.

La censure et l'interdiction sont seules applicables aux maîtres de l'enseignement privé.

En réorganisant le Conseil départemental, elle donne à deux membres de l'enseignement privé, l'un laïque, l'autre congréganiste, le droit de siéger lorsque l'assemblée doit s'occuper d'affaires contentieuses ou disciplinaires intéressant l'enseignement privé.

Elle arrête la liste des personnes qui ont le droit de surveillance des établissements d'enseignement, et dans le même article, indique que l'inspection des écoles privées porte sur la moralité, l'hygiène, la salubrité et qu'elle ne peut porter sur l'enseignement que pour vérifier s'il n'est pas contraire à la morale, à la constitution et aux lois.

En somme, la loi du 30 octobre 1886 est la charte officielle de l'enseignement primaire.

Depuis ce moment 3 nouvelles lois, sans toucher à la liberté de l'enseignement, sont venues, soit directement, soit indirectement, modifier à la fois la situation générale de l'enseignement privé et ses rapports avec l'Etat et l'enseignement public.

Je veux parler de la loi de 1901, qui obligea les congrégations non autorisées à se dissoudre, de la loi de 1904 qui supprima les établissements d'enseignement congréganistes, enfin de la loi de 1905 qui prononça la séparation des Eglises et de l'Etat.

### La situation actuelle

La loi Falloux, quoiqu'abrogée en fait par celle du 30 octobre 1886, au moins en ce qui concerne l'enseignement primaire, mais dont l'esprit n'a point disparu et se retrouve presque tout entier dans les dispositions de cette dernière loi, a porté ses fruits.

En face de l'école publique se dresse l'école confessionnelle. Si l'on n'y prend garde, bientôt, sous le couvert de la Liberté d'enseignement, un monopole de fait existera au profit de l'Eglise.

Déjà, l'enseignement laïque libre a presque disparu, ruiné, anéanti, absorbé par l'enseignement privé d'Eglise. L'attaque est maintenant commencée contre l'école laïque, contre l'école publique elle-même.

Le but, non avoué, du moins facile à constater de l'Eglise..... militante, est de reprendre la haute main, non pas seulement sur l'enseignement primaire, mais sur l'enseignement à tous ses degrés.

Elle est d'ailleurs, en cela, parfaitement fidèle à son principe et à sa doctrine.

L'art. 45 du Syllabus dit : « Anathème à qui dira que toute la direction des écoles publiques dans lesquelles la jeunesse d'un Etat chrétien est élevée, si l'on excepte dans une certaine mesure, les séminaires épiscopaux, *peut et doit* être attribuée à l'autorité civile, et cela de telle manière qu'il ne soit reconnu à aucune autre autorité, le droit de s'immiscer dans la discipline des écoles, dans le régime des études, dans la collation des grades, dans le choix ou l'approbation des maîtres. »

C'est la proclamation non équivoque du droit d'intervention et de surveillance de l'Eglise dans tout ce qui concerne l'enseignement à tous ses degrés, c'est la condamnation formelle de l'œuvre scolaire tout entière de la Troisième République.

En cherchant à s'assurer, par son œuvre scolaire personnelle, une large, une très large part dans la distribution de l'enseignement, l'Eglise ne poursuit qu'un but : sa propre souveraineté.

Ecoutez Mgr Gaume :

« Les sages de tout temps l'ont proclamé. A nos yeux, disent-ils, le meilleur moyen de réformer le genre humain, c'est de réformer la jeunesse. L'éducation, c'est l'empire, parce que l'éducation c'est l'homme, et l'homme, c'est la société.

« Quand les sages n'auraient pas rendu cet hommage à l'impérissable vérité que nous signalons, il suffirait, pour n'en pas douter, de voir l'acharnement opiniâtre avec lequel, dans tous les temps et dans tous les lieux, les deux puissances du bien et du mal se disputent l'empire de l'éducation. Sous la question fort secondaire de savoir qui approchera de l'enfant pour lui enseigner la lecture, l'écriture, le calcul, le grec ou le latin, se cache, en dernière analyse, une question de souveraineté : La férule du maître est le sceptre du monde. »

Aussi, le prémier Empire avait-il à peine succombé que l'Eglise, profitant des heureuses dispositions de la Restauration à son égard, obtenait dès le 5 octobre 1814 une ordonnance qui dispensait les élèves des séminaires de suivre les cours des lycées et des collèges ; et grâce à la bienveillance, j'allais dire à la complicité de Louis XVIII et de Charles X, elle tentait de faire tourner à son bénéfice, les prescriptions de la loi de 1808.

Mais la situation restait précaire, et grâce aux efforts de M. de Montalembert, la loi Falloux qui proclamait la liberté d'enseignement lui confirmait définitivement le droit de faire de ses séminaires, des établissements rivaux des collèges et des lycées de l'Etat.

La lutte engagée actuellement contre l'école publique n'est d'ailleurs qu'une des formes de la lutte éternelle engagée par l'Eglise contre l'affranchissement de la pensée moderne.

Il ne s'agit plus, pour elle, du droit de créer des écoles, elle le possède ; il ne s'agit plus pour elle de conquérir ou de sauvegarder l'indépendance de son enseignement, la République la lui a donnée ; il s'agit, et cela saute aux yeux, de mettre la main sur la direction même de l'enseignement, et conformément à l'art. 45 du Syllabus que je citais plus haut « de s'immiscer dans la discipline des écoles, dans le régime des études....., dans le choix et l'approbation des maîtres ».

La société laïque se laissera-t-elle ainsi remettre en tutelle ?

La situation, tant s'en faut, n'est point désespérée ; mais il y aurait de la puérilité à ne pas lui reconnaître une certaine gravité.

L'Eglise, dans les assauts quotidiens qu'elle livre, je ne dis pas seulement à l'école, mais à la doctrine laïque elle-même, a trouvé un formidable allié dans toutes les forces de réaction.

Par son essence même, qui est d'être, au fond, immuable sous mille apparences diverses, l'Eglise est avant tout conservatrice.

Par ses aspirations à la domination universelle, elle est l'ennemie naturelle de tout affranchissement et de toute liberté, le défenseur-né de tous les privilèges.

Aussi, rien ne semble plus logique, et rien n'est plus logique, en effet, que cette coalition de l'Eglise et des classes fortunées de la société contre les efforts de libération et d'accession vers le mieux-être des classes ouvrières.

Oh ! elle ne se fait point illusion : elle sait que le succès n'est pas prochain, elle sait que la lutte sera longue. Mais elle a pour elle le temps... et l'argent.

Car, en dehors des immenses ressources qu'elle trouve en elle-même, et de celles que lui procure la foi de sa clientèle, elle a encore... comment, dirai-je..., l'espèce de prime d'assurance que lui paye le coffre-fort menacé par les lois de réformes sociales... et qui se défend.

L'influence du patronat et de la grande propriété viennent, d'autre part, s'ajouter à sa propre influence restée plus puissante qu'on ne se le figure généralement.

L'œuvre cléricale échappe, hélas ! en grande partie à la vigilance de nos représentants, voire même de ceux qui se disent, se croient ou sont réellement les défenseurs de l'idée laïque.

Ils ne sauraient saisir sur le fait l'épouvantable pression morale, adroitement ou brutalement, selon les cas, exercée sur les familles pour dépeupler l'école laïque au profit de l'école privée.

Au lendemain du vote des lois sur les congrégations et sur la séparation des Eglises et de l'Etat, l'Eglise avait paru vaincue définitivement, et cela a été l'erreur de beaucoup.

Elle se recueillait, simplement. Patiemment, elle dressait ses plans et préparait son action.

Sans bruit, sans éclat, elle a travaillé dans l'ombre, et s'autorisant des lois mêmes de la République, commencé une sorte d'investissement de l'école publique.

En s'assurant à elle-même la possibilité de répandre son enseignement, en s'opposant à l'extension de la doctrine laïque, elle espère endiguer le flot montant des aspirations populaires vers la liberté de la pensée.

Il est facile à voir qu'un mot d'ordre discrètement donné et fidèlement suivi a réglé ce que je n'hésiterais pas à appeler les mouvements stratégiques.

Dans l'ordre religieux, les œuvres déjà anciennes, telles que les diverses confréries de St-François et du St-Sacrement où peuvent entrer les grandes personnes (suivant le terme consacré) ; les Enfants de Marie, spéciales aux jeunes filles ; la Sainte-Enfance et la Propagation de la foi, ouvertes à tous les âges et où peuvent se faire inscrire de tout jeunes enfants, ont retrouvé une activité nouvelle et sont devenus des foyers de prosélytisme.

Dans l'ordre social, les jardins ouvriers, les Mutualités agricoles, les œuvres de placement, les œuvres du trousseau, les caisses de crédit, les cercles catholiques, ont été organisés pour ramener à l'Eglise par le sentiment de l'intérêt immédiat l'ouvrier des villes et des champs qui s'éloignait peu à peu.

Dans l'ordre post-scolaire, les patronages de jeunes gens et de jeunes filles, où les adolescents trouvent, en plus de distractions mondaines telles que le théâtre, le cinématographe, tous les plaisirs permis et grâce aux relations des organisateurs, par l'œuvre de placement qui en est la suite naturelle, l'assurance d'un appui pour l'avenir, — et sans qu'ils s'en doutent des directions spirituelles qui soumettront leur intelligence à une empreinte qui restera, — les sociétés de gymnastique, d'escrime, de tir, les chorales, les fanfares, les harmonies, les sociétés de préparation militaire, avec la perspective de voyages et d'excursions, où il est fait bon accueil (comment donc !) aux anciens élèves de nos écoles, assurent à la fois le recrutement des œuvres réservées aux adultes et d'une clientèle qui, liée à la fois par la reconnaissance et par l'intérêt, ne songera point à s'affranchir d'un joug qu'on lui fera léger, sans doute, mais qui n'en sera pas moins réel.

Dans l'ordre scolaire, enfin, les associations de pères et de mères de famille, créées, sinon par les prêtres catholiques, du moins sous leur inspiration, apportent indirectement au clergé le moyen légal « d'intervenir dans la discipline et dans le régime des études » de l'école publique, tandis que les patronages scolaires privés, généralement fondés et dirigés par les curés, largement ouverts à nos élèves, détruisent peu à peu l'œuvre de l'école laïque et préparent les recrues pour les œuvres particulières aux adolescents et aux adultes.

Ajoutons à cela les bulletins paroissiaux, répandus à profusion, les journaux illustrés distribués gratuitement ou vendus aux enfants, les tracts de toute espèce, où l'école est vilipendée, où les maîtres sont discutés, tournés en ridicule, et chacun pourra se faire une idée du travail formidable qui menace de saper par la base la société laïque elle-même.

Tant d'efforts et de travail n'ont point été perdus. Depuis 1907, l'école privée a gagné 18.000 écoliers (chiffre de la statistique ministérielle).

Hélas ! si l'on va au fond des choses, ce sont là des chiffres qui sont bien loin de la vérité !

Car on ne compte ainsi que les enfants qui, pour la plupart, sont passés de l'école publique à l'école privée. Mais qui nous dira le nombre des élèves actuellement inscrits à l'école publique et qui, le jeudi et le dimanche, fréquentent les patronages privés ; qui nous dira le nombre des anciens élèves de l'école laïque qui se sont fait inscrire aux Cercles catholiques, tous ceux qui, attirés par les plaisirs qu'on leur offre et par l'espoir de quelques avantages dans l'avenir, font partie des sociétés diverses fondées et entretenues par l'Eglise et naturellement maintenues sous sa dépendance.

Ne sont-ce pas là, cependant, des pertes sèches pour l'esprit laïque ?

Tous les moyens sont mis en œuvre, d'ailleurs, pour assurer la ruine de l'école publique.

Aucune tactique ne rebutera l'Eglise, aucun effort ne lui coûtera pour s'assurer la reprise de la suprématie sociale.

En ce moment, c'est l'école qui subit ses assauts.

Le manifeste des évêques n'est, d'ailleurs, qu'un acte dans la grande pièce qui se joue et dont le dénouement... sera ce que le voudront sincèrement les républicains.

Il a pesé d'un poids considérable sur les événements qui ont suivi sa publication ; il a déterminé des parents qui, depuis longtemps voyaient sans aucune inquiétude leurs enfants se servir de manuels irréprochables et dont beaucoup s'étaient eux-mêmes précédemment servis, à se dresser contre les maîtres et contre leur enseignement, à organiser des grèves ou des manifestations plus ou moins véhémentes, et ainsi créé autour de l'école un bruit qu'ils pensaient devoir lui être préjudiciable.

Cependant, si l'action anti-laïque a redoublé après la « Lettre des évêques », elle n'en avait pas moins, déjà, avant même sa publication, une réelle violence.

On se demande même comment les fidèles d'une religion qui se dit toute de douceur et d'amour peuvent user de moyens aussi odieux que ceux auxquels ils ont recours et faire preuve de tant de rancune, de tant de sécheresse de cœur, on pourrait dire de tant de cruauté. Ils n'hésitent pas, et c'est là le moindre et le plus bénin des reproches qu'on puisse leur faire, à profiter du plus léger oubli du règlement pour créer aux maîtres laïques des difficultés auprès de l'Administration..., et quelquefois à faire naître l'occasion qu'ils cherchent.

Ici, ils pousseront les élèves à la désobéissance ; là ils les engageront à ne point se plier aux exigences du règlement dont l'instituteur n'est que le gardien.

Afin de perdre à la fois dans l'esprit des élèves, et le maître et l'école elle-même, il sera fait, ailleurs, des distributions de livres, de brochures, de gravures, dans lesquels les maîtres jouent des rôles grotesques, et où les moqueries les plus stupides pleuvent sur l'enseignement public.

La chaire et le confessionnal prêtent leur concours non désintéressé à l'écrasement espéré de la laïque, et dans certaines localités les prêtres refusent les sacrements aux parents qui confient leurs enfants aux maîtres laïques ou se livrent dans leurs sermons à de terribles réquisitoires contre l'école publique.

Les partisans de l'école privée ne reculent ni devant la

calomnie, ni devant la cruauté. Des instituteurs, et surtout des institutrices sont, en quelque sorte, mis en quarantaine et se voient refuser même le pain et les choses les plus nécessaires à la vie ; dans certains cas, on refuse même aux institutrices mères de famille le lait nécessaire au bébé qu'elles élèvent. Singulière application du précepte du Christ : « Aimez-vous les uns les autres. »

Le boycottage des commerçants fidèles à la laïque est organisé en grand et ils doivent, en fin de compte, choisir entre la faillite et la capitulation de leur conscience.

Des ouvriers à la journée sont tenus, sous peine de se voir refuser du travail, de confier leurs enfants à l'école libre.

Les fermiers et les métayers, dans les pays de grande propriété, sont obligés d'obéir aux ordres du propriétaire et de mentir à leurs convictions, sous peine de renvoi.

Oh ! la clause n'est pas écrite, généralement, mais la menace peut se faire verbalement, et ce qui se dit dans l'ombre d'un cabinet de travail n'a pas moins d'effet que ce qui se clame en public.

Le malheureux, qui subit cet affront de voir sa dignité foulée aux pieds, sait pertinemment qu'il ne peut que s'incliner ou partir ; il sait aussi que la raison qu'on lui a donnée ainsi seul à seul sera la véritable raison de son renvoi, s'il a l'audace de s'insurger, mais que l'on trouvera un autre prétexte pour justifier l'acte d'odieuse vengeance commis à son égard.

Et la *bonne presse* fait rage, entassant menaces sur calomnies, conseils pernicieux aux enfants et aux familles, sur insultes à l'école laïque et à son personnel.

« L'école laïque est destructive de toute morale ; sa morale n'enfante qu'égoïsme, bassesse, licence des mœurs, d'un côté ; désespoir, suicide ou meurtre, de l'autre.

« L'école publique est une école d'apaches. »

J'ai sous les yeux un tract intitulé : « L'école, question de vie ou de mort ». Il m'a été communiqué par un de mes collègues, qui l'a surpris, à l'école, entre les mains d'un de ses élèves.

Il est illustré d'un tableau de Jean Béraud : Jésus écrasé sous sa croix, et suivi de femmes éplorées, est poursuivi d'une foule menaçante ou ironique. Une femme, somptueusement vêtue, couverte de bijoux et dont on devine l'infâme profession, rit et encourage les bourreaux, cependant qu'un instituteur laïque excite ses élèves à lapider le Christ.

A gauche et au premier plan, une religieuse, une mère de famille, une communiante, au milieu d'un groupe d'enfants qui sortent aussi de l'école, mais de l'école libre, tendent vers le martyr leurs mains jointes et assistent, à genoux, à l'odieux spectacle.

Et au-dessous ces quelques mots : « Le Christ chassé de l'Ecole par la haine sectaire, sous les regards émus de l'amour impuissant, mais fidèle. »

Et un texte suit qu'il faudrait citer tout entier, mais dont je détache seulement les passages suivants, parce qu'ils sont plus caractéristiques... ou plus insolents.

« *Regardez* à la gauche du tableau de Jean Béraud, regardez ce gros homme à lorgnon, à la face bestiale, aux lèvres sensuelles qui, de la voix et du geste, excite de petits écoliers à lapider le doux Jésus, leur ami et leur bienfaiteur... Cet homme, pères et mères, peut-être l'avez-vous rencontré sur votre route ; peut-être demain devrez-vous lui confier vos enfants !... Cet homme, c'est l'*instituteur*. »

Ce n'est pas moi qui souligne.

Et maintenant que le venin est lancé, prenons la précaution nécessaire pour répondre aux protestations possibles :

« Non pas l'instituteur honnête, comme Dieu merci, il en existe encore, qui garde dans ses leçons une respectueuse neutralité, mais l'instituteur blocard, le primaire flétri par Maurice Barrès, etc. »

Et plus loin :

« *Ecole laïque*, actuellement, signifie école sans religion, sans catéchisme, sans messe, sans prières, sans Dieu ; — et elle arrive fatalement à remplir les maisons de correction. »

Et plus loin encore :

« *Ecole laïque* signifie école de socialisme, pépinière de mauvais fils, d'antipatriotes et de mauvais citoyens. »

Vraiment, on ne soupçonnait pas que tout élève de l'école laïque fût fatalement un mauvais fils, un antipatriote, un mauvais citoyen.

Et on se demande avec effroi quelle doit être la mentalité française quand on pense que dans 25.000 communes, il n'y eut jamais que des écoles laïques.

L'exagération du reproche devrait, en fait, le rendre anodin. Mais il n'en est point ainsi.

Comme résultats de telles infâmes campagnes, les insolences et les brutalités envers les maîtres se produisent et se renouvellent sans cesse : ici, l'école est troublée par un père ou une mère de famille qui insultent l'instituteur ou l'institutrice en pleine classe et parfois vont jusqu'à les frapper ; là, le personnel laïque est victime des plus basses et des plus malpropres brimades.

Et nous citons seulement pour mémoire les pétitions colportées dans les familles et couvertes souvent de signatures plus ou moins authentiques ; les placards injurieux contre l'école et les instituteurs ; la pression continue sur tous ceux qui ne sont point absolument indépendants ; les réunions publiques organisées contre la laïque et qui, parfois, grâce à la complicité de maires réactionnaires, se font dans la salle d'école même ; les soirées récréatives avec des projections lumineuses où notre enseignement est ridiculisé et discrédité ; les quêtes au profit des écoles privées chez les amis de l'enseignement libre, ce qui est un droit, mais aussi chez les ouvriers et les employés, ce qui est un abus, car ceux-ci savent bien ce que serait leur sort s'ils se montraient récalcitrants ; les attaques répétées contre l'école publique, contre ses livres, contre ses maîtres auxquelles se livrent durant les catéchismes, les prêtres de nombreuses paroisses, etc., etc.

Et, hélas ! en regard de cette activité, de cette levée en masse de toutes les forces de réaction, de cet assaut général à la pensée laïque, nous voyons le parti républicain assister presque impassible aux efforts sans cesse renouvelés des partisans de l'école privée.

A certains moments, dans certaines circonstances, on serait tenté de croire que ceux qui se disent républicains n'ont de républicains que l'étiquette, tant ils semblent, non pas seulement se désintéresser du danger que court l'école laïque, mais prêter une aide discrète à ses mortels ennemis.

La défense laïque dont on parle chaque jour n'est qu'un mot. Les municipalités, même républicaines, dans un énorme pourcentage, ne font pour l'école que ce qu'elles ne peuvent pas ne point faire. Encore le font-elles souvent à regret.

Dans bien des cas, l'installation des locaux scolaires est défectueuse à tous points de vue, et il est impossible d'obtenir la moindre amélioration.

Des fonctionnaires de la République, je dis parmi les plus huppés, n'hésitent pas à confier leurs enfants à l'école privée.

Quant à nos représentants, ils font des lois !

Et je veux le répéter encore : ce ne sont pas les lois qui sauveront l'école laïque ; ce n'est point par les lois qu'on fait de la défense laïque.

La bataille se livre entre l'esprit laïque qui veut que chacun ait la pleine liberté de sa pensée, et l'esprit clérical qui veut, précisément, l'asservissement de la pensée.

Or, la loi est sans effet dans ce domaine.

Elle ne peut imposer un sentiment, une croyance, une idée, une préférence.

Il sera facile aux ennemis de la République de tourner ses lois et d'échapper aux peines qu'elles édictent : ils sont d'une adresse incomparable pour cheminer sans danger sur les marges du code.

Que les vieux d'entre nous, ceux qui arrivent aujourd'hui à la retraite et qui étaient en service vers 1880, fassent appel à leurs souvenirs ; qu'ils se reportent par la pensée au lendemain de la promulgation des lois de 1881 et de 1882.

Si la campagne menée actuellement contre la laïque semble mieux organisée dans son ensemble, elle n'est certainement ni plus violente ni plus âpre que celle à laquelle ils ont assisté.

Alors, comme aujourd'hui, les instituteurs étaient furieusement attaqués ; mais alors, aussi, tous les républicains groupés devant l'école faisaient tête à l'orage.

L'instituteur molesté osait se défendre, ses amis ne l'abandonnaient pas, et nul, même parmi ses chefs, ne lui faisait un grief de son attitude énergique.

Alors, la défense laïque se faisait par la plume, par les conférences, par l'action personnelle, enfin, de tous ceux qui s'étaient donné le noble but de libérer la pensée humaine.

Aujourd'hui, le mot d'ordre est trop souvent : Pas d'histoire.

L'instituteur accusé par les ennemis de l'école est, dans bien des cas, presque certain d'être sacrifié.

A-t-il un léger tort ? — Il a failli au règlement et manqué à son devoir ! — N'a-t-on rien à lui reprocher ? — Pour qu'une plainte se soit produite il a dû manquer de tact, de discrétion. Quel maladroit !

Et on va nous répétant chaque jour : « Instituteur, ne prends point part à la lutte. L'éducateur doit vivre ignorant de nos misérables querelles de partis. Il habite, il doit habiter une région sereine où les agitations de nos luttes journalières ne doivent point venir le troubler dans sa tâche. Il doit rester en dehors et au-dessus de nos mêlées politiques, tout entier à son rôle qui est de former une génération d'hommes bons, réfléchis et tolérants. »

Toujours discipliné, l'instituteur obéit ; mais, combien, en obéissant, frémissent d'impatience et de légitime colère. Il ne suffit pas, pour ne point être atteint, de se tenir à l'écart. D'une façon générale, l'instituteur se tient éloigné de la bagarre ; mais d'une façon générale, aussi, c'est lui, c'est son enseignement, c'est l'école qui sont visés et sur qui tombent les coups de l'adversaire.

Être pris à partie, n'est rien ; mais qu'il est dur de

rester impassible devant les accusations les plus fausses, les plus insensées.

Cependant, nous nous imposons presque toujours ce douloureux devoir.

Ne semble-t-il pas vraiment, que la République renouvelle chaque jour, en l'amplifiant, la généreuse folie de Fontenoy et crie à ses ennemis : « Mais tirez donc, Messieurs, mes troupes ont reçu l'ordre de ne pas riposter. »

Si l'un de nous fait vraiment de l'action laïque, il s'attire, dans la commune où il exerce, des inimitiés dont il est le plus souvent la victime.

Attaqué par les adversaires de l'école, et parfois par ceux-là mêmes dont le devoir serait de le soutenir, mais qui se sont, la plupart du temps, laissé inconsciemment circonvenir par les influences locales, il ne tarde pas à succomber.

Oh ! la tactique ne change guère chez nos ennemis. On ne parle pas de l'action laïque qu'il fait dans la commune, véritable raison de l'animosité qui se révèle contre lui ; mais son enseignement qui, depuis 3, 4, 5, 10 ans, qu'il est dans le pays, n'avait jamais donné lieu à aucune observation est tout à coup le sujet de plaintes amères ; et s'il est secrétaire de mairie, son service, irréprochable jusque-là, devient brusquement un service tellement lamentable qu'il n'est pas possible de le lui conserver ; sa conduite privée est examinée avec le désir manifeste de le trouver en faute ; ses moindres paroles relevées et méchamment commentées, ses moindres gestes surveillés et insidieusement interprétés.

Et si, par malheur pour lui, sous les coups d'épingle journaliers, il se laisse aller à un mouvement d'impatience, à une parole un peu vive, vite, on l'abandonne à son malheureux sort.

Pourquoi, aussi, ne conservait-il pas, jusque sous les injures, le calme qui doit caractériser un éducateur ?

Tous les républicains doivent méditer les paroles de Mgr Gaume : « La férule du maître est le sceptre du monde. »

Si, par une erreur fondamentale, ils estiment, au contraire de ce prélat, que la puissance scolaire n'a aucune influence sur l'avenir, s'ils restent indifférents aux empiètements continuels de l'esprit confessionnel, c'est la République même qu'ils laissent attaquer, et la démocratie s'écroulera fatalement sur les débris de l'école laïque.

Mais à quels spectacles extraordinaires et singulièrement déprimants pour les convaincus que nous sommes n'assistons-nous pas chaque jour ?

Combien d'hommes politiques, du plus humble au plus élevé laissent quotidiennement leur action mentir à leurs déclarations de principes ?

Combien vont proclamant bien haut leur fidélité à la République, leur profonde affection pour l'école laïque qui, au fond, sont prêts à toutes les tractations, et pour garder leurs mandats, bien déterminés à brûler demain, s'il le faut, ce qu'ils adorent aujourd'hui.

Et nous avons un peu partout sous les yeux (je crois qu'il n'est pas en France un instituteur qui ne puisse en citer des exemples), des élus à tous les degrés qui affirment, en toute occasion, leurs convictions républicaines et laïques et qui n'en sont pas moins, pour l'école privée, des donateurs généreux ou des clients fidèles.

Combien y en a-t-il d'autres, plus diplomates, qui, au lieu d'intervenir eux-mêmes en faveur de l'enseignement privé, laissent au vu et au su de la population tout entière leurs femmes ou leurs filles se faire les soutiens de l'école libre et prêter leur concours et leur appui aux œuvres anti-laïques ?

Et nous voyons chaque jour les mêmes faits se produire chez les délégués cantonaux eux-mêmes, qui sont choisis et nommés par l'Administration.

Oh ! il n'entre point dans notre pensée l'intention de limiter le droit de personne.

Que Mme X... préside la distribution des prix à l'école privée, que Mme Y... soutienne de son influence et de ses deniers le patronage clérical, que toutes deux dédaignent pour leurs enfants l'enseignement de l'école publique où ils se trouveraient dans la très pénible nécessité de coudoyer en classe et dans la cour les fils et les filles d'ouvriers, nul ne peut le leur reprocher, et c'est leur droit absolu ; mais MM. X... et Y... devraient alors avoir la pudeur de ne point se présenter aux suffrages de leurs concitoyens comme les défenseurs de l'idée laïque, et les électeurs le bon sens de ne point leur manifester leur confiance.

Quant à ce qui concerne les délégués cantonaux sujets aux mêmes errements, on se demande comment ils ont pu accepter leur nomination et l'Administration les choisir !

Car les instituteurs sont fondés à se demander comment de tels défenseurs vont faire la preuve de leur attachement aux institutions républicaines en général, et à la laïque en particulier ; et ils redoublent tout simplement de prudence pour n'être pas les victimes d'un zèle par trop intempestif.

C'est trop souvent, hélas ! aux dépens des maîtresses et des maîtres que ces amis trop dévoués de la laïcité se font une réputation.

Un vent de folie réactionnaire semble d'ailleurs souffler sur le pays, obscurcissant la claire vision des nécessités de l'avenir et des contingences actuelles.

Il est de bon ton, dans la jeunesse intellectuelle de critiquer et de ridiculiser la République, son œuvre et ses principes ; c'est faire preuve d'élévation d'esprit... et de snobisme que d'affecter pour la liberté de la pensée une sorte de pitié dédaigneuse.

Au point de vue spirituel, on tend à s'incliner devant la suprématie de l'Eglise, au point de vue temporel on appelle de ses vœux un régime nouveau d'autorité absolue, quel qu'il soit.

Les salons, le théâtre, la littérature donnent le ton.

Seul, le peuple résiste encore. Les républicains le laisseront-ils circonvenir par les ennemis de la liberté ; n'entendront-ils point le cri d'alarme que les instituteurs poussent au nom de l'enseignement et de la pensée laïques.

Sortis du peuple et restés du peuple par affection et par devoir, ils vivent dans le peuple même et sont mieux placés que quiconque pour connaître ses angoisses, ses tendances, son esprit.

Ils ne perdent pas espoir, cependant.

Par le jeu naturel des bascules et des réactions, dont la situation actuelle semble être le résultat, l'esprit français, nous voulons l'espérer, finira par se ressaisir.

Il n'est pas possible que notre conscience nationale, un moment embrumée par les sophismes des ennemis de la liberté, ne retrouve avant peu sa lucidité et son indépendance.

Et c'est sur cette parole d'espoir que je veux terminer ce trop court exposé de la situation actuelle.

## Pour la liberté d'enseignement

Nous ne nous attarderons pas à discuter le paradoxe par lequel on accorderait au père de famille, au nom de sa propre liberté, le droit de refuser toute instruction à ses enfants. Les parents n'ont pas que des droits, ils ont surtout, envers leur famille, des devoirs à remplir ; et la liberté du père de famille ne saurait aller jusqu'à la négation absolue des droits imprescriptibles de l'enfant.

D'ailleurs, le principe de l'obligation a été consacré en France par une loi que l'on ne songe point à dénoncer et que nul ne discute plus aujourd'hui, — quitte, hélas ! à compter sur l'indifférence de ceux qui sont chargés de veiller à l'application de ses prescriptions pour n'obéir ni à sa lettre ni à son esprit.

La société qui reconnaît et qui proclame que chaque citoyen a droit à un certain degré d'instruction l'offre à tous par l'organisation de l'enseignement public primaire et la gratuité de cet enseignement.

Mais immédiatement se pose une question capitale : « Etant donné que l'enseignement qu'offre l'Etat ne donne pas satisfaction, en certains points, aux desiderata des familles, celles-ci, sous réserve de se conformer aux prescriptions légales, auront-elles ou n'auront-elles pas le droit de déléguer un instituteur dans le but de faire donner à leurs enfants l'enseignement qu'elles préfèrent ? »

Là est toute la question qui peut se résumer ainsi : L'enseignement appartient-il en droit à l'Etat, ou bien, les bonnes volontés et l'initiative particulières ont-elles le pouvoir et le droit d'y coopérer ?

Nul ne défend la thèse de la liberté absolue. On ne comprendrait pas, en effet, que la société ayant proclamé la nécessité de l'enseignement, laissât au premier venu le droit de réunir, sous prétexte de leur donner l'instruction, un certain nombre d'enfants dont il dirigerait à son gré l'éducation intellectuelle et l'éducation morale.

L'Etat est le protecteur naturel des citoyens, même et surtout des citoyens futurs, et son devoir primordial est de s'assurer que ceux qui veulent assumer la tâche d'instruire la jeunesse présentent des garanties suffisantes de moralité et de capacité.

Sous ces réserves, la liberté d'enseignement conserve, parmi nous, de nombreux et déterminés partisans.

Elle a eu, d'ailleurs, au cours du siècle passé, où tant de fois elle a été mise en discussion, d'ardents défenseurs aussi bien parmi les cléricaux les plus attachés au pouvoir de l'Eglise, que parmi les républicains les plus convaincus et les plus dévoués au triomphe du pouvoir civil.

Paul Bert, lui-même, déclarait en 1879, à la tribune du Parlement que : « La liberté d'enseignement est la mise en jeu d'une liberté personnelle. »

Et comment, dans un pays qui se réclame de la liberté, qui prétend baser toutes ses réformes sur ce grand principe de liberté, comment pourrait-il en être autrement ?

La liberté d'enseignement est une liberté nécessaire. Elle a son origine, à la fois, dans le droit du père de famille et dans la liberté de penser.

La famille a créé l'enfant : non pas pour elle, c'est entendu, car dès qu'il est né, il devient une sorte de personne morale ayant ses droits particuliers, et que ceux-là mêmes qui lui ont donné la vie ont l'étroite obligation de respecter.

Mais la famille nourrit et entretient l'enfant. Elle a le devoir aussi de pourvoir à ses besoins intellectuels et moraux. Généralement elle s'en acquitte avec soin, avec conscience, avec amour même.

Théoriquement, c'est le père qui doit donner à ses enfants l'instruction et l'éducation.

Peut-on lui dénier le droit de déléguer à sa place un instituteur qui les élève dans les idées qu'il croit justes ?

Nous entendons l'argument : L'Etat choisira des hommes de moralité et de capacité éprouvées, afin de leur confier le soin de donner à tous les enfants de France l'instruction qui leur est nécessaire. Le père de famille n'aura donc pas à s'inquiéter du choix de l'instituteur. Il n'aura qu'à conduire ses enfants à l'école qui leur est ouverte.

« Halte-là, diront les pères de famille. Nous ne mettons en doute, ni la moralité, ni la capacité, ni même le dévouement des instituteurs publics. Là n'est pas la question. C'est aux programmes, c'est aux méthodes que nous en avons. Nous jugeons, nous, que votre enseignement est incomplet. Nous prenons l'engagement de faire étudier à nos enfants tout ce que comportent les programmes que vous, Etat, vous avez dressés ; nous nous conformerons rigoureusement à tout ce que prescrit la loi, mais nous voulons que nos enfants apprennent quelque chose de plus. Que vous importe ? Nous ne vous imposerons aucune charge nouvelle ; nous paierons nous-mêmes les maîtres dont vous garderez le droit de vérifier la capacité. ».

C'est qu'en effet, aller plus loin serait violer le principe fondamental de liberté sur lequel est basé la République.

La famille a sur l'Etat une antériorité indiscutable. L'enfant est à elle avant d'être à la société, à l'humanité même.

Pour elle, l'enfant est mieux et plus qu'une unité : c'est son essence même, et par là, le droit de la famille est supérieur au droit de l'Etat.

Nous protesterions avec la dernière énergie, et à juste titre, contre un gouvernement, quel qu'il soit, monarchie ou ministère rétrograde, qui chercherait à imposer aux libres-penseurs un enseignement monopolisé au profit de l'Eglise.

Qui ne voit que la suppression de la liberté d'enseignement donnerait à l'Etat tous les droits et ne laisserait à la famille que les devoirs et les responsabilités. La liberté d'enseignement, d'ailleurs, est implicitement contenue dans la déclaration des droits de 1791, et l'article premier du décret du 29 frimaire, an II, dit expressément : « L'enseignement est libre ».

Condorcet et après lui Lakanal soutiennent et font triompher « la liberté de l'éducation domestique, la liberté des établissements particuliers et des méthodes instructives ».

Le Monopole, établi par l'Empire, ne l'a été que comme un moyen d'asservissement des esprits. Napoléon Ier avait vu là une méthode infaillible pour assurer sa puissance. Le 11 mars 1806, il disait au Conseil d'Etat : « Dans l'établissement d'un corps enseignant, mon but principal est d'avoir un moyen de diriger les opinions politiques et morales. »

La liberté d'enseignement est une conséquence directe de la liberté de penser et de la liberté de la parole. Elle pourrait jusqu'à un certain point être considérée comme une conséquence directe de la liberté de la presse et de la liberté de propagande.

C'est une liberté naturelle, et sa suppression serait, en quelque sorte, anti-républicaine.

La campagne de laïcité qui, depuis un siècle, a été menée dans ce pays contre l'intolérance et contre le fanatisme religieux, l'a été au nom même de la liberté.

S'emparer aujourd'hui de l'enseignement pour dominer les esprits serait un lamentable aveu de l'insuffisance des principes républicains, une reconnaissance non équivoque de la nécessité du principe d'autorité absolue.

Car le monopole non seulement asservirait l'élève, mais il mettrait le maître absolument sous la férule du gouvernement, c'est-à-dire, du parti au pouvoir.

L'enfant, d'ailleurs, ne doit être élevé ni pour l'Etat, ni pour l'Eglise, ni même pour sa famille.

Le maître a pour mission de développer son intelligence, ses facultés, son sens critique. Il n'a pas le droit de lui imprimer une direction.

Le droit de l'enfant prime tous les autres.

Du jour, cependant, où la liberté d'enseignement aura cessé d'exister, où il n'y aura plus en France qu'un enseignement officiel, que restera-t-il à la fois de l'indépendance de la famille et de celle de l'enfant ?

Le dogme d'Etat aura remplacé le dogme d'Eglise, et c'est au nom de ce nouveau dogme que l'on formera, on peut dire arbitrairement, la conscience de l'enfant.

On répond : « Mais il n'y aura aucun dogme. »

Il n'est guère possible de croire à l'Etat libéral. L'Etat ne peut que défendre le principe d'autorité. Son rôle est d'autoriser parfois, de prescrire ou d'interdire le plus souvent.

Le jour où la loi lui aura confié le monopole de l'enseignement, il est fort à craindre qu'il ne soit tenté d'user de sa nouvelle puissance. Un pouvoir que l'on n'utilise pas est rapidement désuet. L'Etat ne pourra laisser périmer ses droits. Il en usera.

Si vouloir, c'est pouvoir, il n'est pas moins vrai que pouvoir, c'est souvent vouloir.

L'enseignement d'Etat sera forcément plus réglementé, plus assujetti que l'enseignement public d'aujourd'hui.

Les écoles libres, dit-on, enseignent l'erreur et l'enfant a droit à la vérité.

Est-il bien prouvé que l'enseignement d'Etat sera un grand dispensateur de vérité ?

Certes, le devoir de la famille de même que le devoir de l'Etat est de ne point fausser l'esprit de l'enfant ; mais quelle est l'école philosophique, quelle est l'école politique, quelle est l'école économique qui pourrait assurer qu'elle a le monopole de la vérité absolue ?

Je ne parle pas des diverses confessions religieuses. Chacune d'elles affirme hautement que seule elle possède la vérité, que toutes les autres sont dans l'erreur, et les anathématise sans pitié.

En somme où est la vérité ? où est l'erreur ?

Bein osé serait celui qui voudrait descendre dans la conscience d'autrui ! Plus osé encore serait celui qui aurait l'orgueil de se proclamer infaillible !

Nous pouvons affirmer que, selon nous, l'enseignement libre est sujet, par sa nature même, à enseigner ce que nous croyons être l'erreur, mais il me semble que là s'arrête notre droit.

La vérité absolue n'est connaissable, pour nous qu'en mathématique. Toute autre vérité d'ordre spéculatif est relative.

Considérons surtout que l'école est créée pour l'enfant et non pas l'enfant pour l'école.

Il est entendu que les droits de l'enfant doivent être respectés ; mais s'ils sont méconnus, l'Etat ne possède pas seulement le droit d'intervenir : il en a le devoir.

Reconnaissons-le nettement : ce que visent les partisans du monopole, c'est moins la liberté d'enseignement proprement dite que la liberté d'enseigner à l'école les principes religieux et la possibilité pour les maîtres des écoles libres de détourner leurs élèves du régime républicain.

Et c'est bien contre cette intention que les partisans de la liberté d'enseignement invoquent à la fois la liberté du père de famille et les droits de l'enfant.

Aucun des partisans du Monopole ne songe à nier au père de famille le droit d'avoir et de pratiquer telle ou telle religion.

Cependant, la conséquence logique de ce droit est le droit, pour tout citoyen, de choisir l'école où il fera donner à ses enfants le degré d'instruction que la loi déclare obligatoire et une éducation conforme à ses idées et à ses préférences.

A côté de l'école publique, dont le devoir le plus étroit est d'être neutre, et où peuvent fréquenter, sans crainte de voir troubler leur conscience, les fidèles de toutes les confessions, (puisqu'elle ignore toutes les religions), on ne peut guère, sans abus de pouvoir, ne point laisser subsister l'école privée, où, en dehors de l'instruction légale, l'enfant peut recevoir un enseignement religieux conforme aux vues et aux opinions de sa famille.

La famille n'a-t-elle pas le droit de faire élever, ou d'élever elle-même ses enfants, tout enseignement mis à part, dans la croyance qui est sienne, et comme conséquence, de préférer à des maîtres qui n'ont point cette même croyance, des maîtres qui en font profession.

Il y a, dira-t-on, le droit de l'enfant qui doit rester libre de choisir plus tard les idées qu'il fera siennes.

Soit. Si des lois de garantie, voire même de libération sont nécessaires que le Parlement les discute et les vote, que surtout on les mette en application, mais que dans un État républicain le père de famille reste libre de choisir l'école qui répond à ses sentiments.

L'éducation d'une démocratie ne peut se faire que dans la liberté.

Organiser le Monopole serait une tyrannie non déguisée. L'Empire ne l'avait créé que pour asservir les esprits, la Restauration en le conservant l'avait mis au service de l'Eglise, Louis-Philippe admettait le droit des ordres religieux à l'enseignement !

Ne serait-ce pas tomber dans les mêmes errements, commettre la même faute contre la liberté, que de le faire revivre aujourd'hui contre l'enseignement religieux.

L'autre gros argument des ennemis de la liberté d'enseignement est la constatation de ce fait : l'enseignement libre est en lutte ouverte contre les institutions républicaines.

Il faut bien constater, puisque c'est la vérité, que la clientèle de l'enseignement libre se recrute surtout dans les familles qui n'ont point au cœur un amour bien profond de la République et de ses institutions.

C'est même parce que, dans les écoles publiques, l'enseignement, tout en gardant au point de vue religieux comme au point de vue politique la plus stricte neutralité, ne peut pas, sous peine de n'être qu'un enseignement amorphe, ne pas avoir une tendance à glorifier et à enseigner la République, que certaines familles préfèrent pour leurs enfants, une école où cette tendance se manifeste plutôt en sens contraire.

Mais ne serait-ce pas aller contre le droit qu'a tout citoyen d'être l'ennemi même de la République ?

On doit poser en principe que tous les partis ont cette conviction que la réalisation de leur idéal politique serait le meilleur moyen d'assurer le bonheur du pays tout entier.

C'est là affaire de sentiment, d'intime impression. Royalistes, impérialistes, républicains de toutes nuances, ont chacun pour eux-mêmes, la certitude d'être dans la vérité ; catholiques, protestants, libres-penseurs ou juifs sont persuadés, chacun en ce qui les concerne, que la raison seule les guide dans le choix de leur religion, et que toutes les autres confessions errent lamentablement.

Le respect des croyances religieuses ou des convictions politiques s'impose à tous, plus encore au gouvernement de la République qu'à tout autre. Il ne peut, sous peine de renier à la fois son origine, sa raison d'être et ses principes, avoir recours à l'oppression.

Il semble bien, d'ailleurs, que l'on prenne ici l'effet pour la cause.

L'enseignement libre ne donne à ses élèves un enseignement religieux d'une part, et parfois d'autre part, un enseignement anti-républicain, que parce qu'il y est obligé, que parce que cela répond au vœu des familles qui lui confient l'éducation de leurs enfants.

On ne saurait dire que l'Etat ayant pour obligation essentielle d'avoir une armée, d'entretenir une police, a pour obligation correspondante de s'attribuer exclusivement le droit d'enseignement.

L'enseignement public est nécessaire. L'Etat possède, en effet, pour assurer son développement et lui permettre de se répandre dans le pays tout entier, des ressources dont aucun particulier ni aucune association ne pourrait disposer. Mais on ne pourrait déduire de là que les associations et les particuliers n'ont point, à raison de la légitimité de l'existence de l'enseignement public, le droit de créer parallèlement à lui un enseignement privé.

La lutte qui s'affirme aujourd'hui au sujet du monopole n'est pas nouvelle.

Richelieu, dans son testament politique, déclarait qu'il fallait « se garantir du mal auquel la France tomberait indubitablement si tous les collèges étaient réunis dans la même main ».

Sans doute, il ne s'agissait point là d'enseignement primaire, mais l'argument est bon à retenir.

C'étaient, à cette époque, les Universités et les Jésuites qui, respectivement, réclamaient l'institution du monopole à leur profit.

« Les Universités, ajoute Richelieu, prétendent qu'on leur fait un tort extrême, de ne leur laisser pas, privativement à tous autres, la faculté d'enseigner la jeunesse.

« Les jésuites, d'autre part, ne seraient peut-être pas fâchés d'être seuls employés à cette fonction. »

Et Richelieu conclut :

« Puis donc que la prudence oblige non seulement à empêcher qu'on nuise à l'Etat, mais aussi qu'on lui puisse nuire, parce que souvent, en avoir *le pouvoir en fait naître la volonté*.

« Puisqu'aussi la faiblesse de notre condition *requiert un contre-poids en toutes choses* et que c'est le fondement de la justice, il est plus raisonnable que les Universités et les jésuites enseignent à l'envi, *afin que l'émulation aiguise leur vertu*, que les sciences soient d'autant plus assurées dans l'Etat qu'étant reposées dans les mains de leurs gardiens, si les uns viennent à perdre un si sacré dépôt, il se trouve chez les autres. »

Richelieu estimait donc que, parallèlement à l'enseignement de l'Université, un autre enseignement pouvait et devait exister « afin que l'émulation aiguise leur vertu ».

Il faisait donc état de la concurrence.

La question reste entière et mérite d'être examinée.

L'enseignement public a-t-il à redouter la concurrence ? On peut répondre nettement : Non, l'Etat n'a rien à craindre de la liberté d'enseignement.

Il a, à lui, un enseignement qui domine l'enseignement privé de toute l'incontestable supériorité de ses professeurs et de ses maîtres à tous les degrés.

Nous ne nous préoccupons ici que de l'enseignement primaire, c'est entendu. Mais la remarque s'applique aussi bien aux instituteurs qu'aux professeurs. Loin de moi la pensée d'affirmer qu'il n'est pas dans les rangs des instituteurs libres des intelligences remarquables, des hommes profondément instruits, mais on doit, d'une façon générale, reconnaître que le niveau moyen des instituteurs publics est supérieur au niveau moyen des instituteurs privés.

Le niveau général de l'enseignement baisserait par l'établissement du Monopole.

L'existence de l'enseignement privé oblige, quoi qu'on en dise, tous les maîtres à se préoccuper du sentiment des familles, à leur donner satisfaction par les résultats obtenus ; elle les oblige à évoluer, à modifier, à améliorer leurs méthodes, à perfectionner leur enseignement afin d'acquérir ou de conserver la supériorité sur l'école adverse.

L'enseignement privé est lui-même obligé de se modifier.

C'est un concours de bonnes volontés qui l'entretiennent et le font vivre. Sous peine de disparaître, il doit avant tout, donner satisfaction à ceux qui le paient.

D'ailleurs, la liberté d'enseignement, en permettant aux établissements privés de diriger leurs efforts, moins vers la préparation des examens que vers la préparation aux carrières industrielles et commerciales, a rendu et rend encore de réels services.

C'est qu'en effet, si l'enseignement privé est obligé de suivre dans leurs grandes lignes les programmes établis par l'Etat afin de préparer ses élèves aux examens divers, il n'est pas soumis à leur inflexible rigueur.

Il n'est pas non plus assujetti à la rigoureuse observation des instructions ministérielles et garde, dans une certaine mesure, la plus large liberté d'action.

Il a ainsi la faculté, et il en use, de se plier aux circonstances, aux nécessités locales ou chronologiques.

En fait, il se laisse guider, et c'est naturel, par son intérêt. Répondre au vœu des familles est pour lui une question de vie ou de mort.

L'enseignement libre est susceptible de prendre toutes les formes, de s'adapter à tous les milieux, et c'est précisément cette souplesse qui fait sa nécessité.

Il est en quelque sorte un organe créé par un besoin.

Les partisans du Monopole ne voient pas, sans doute, parce qu'ils n'envisagent qu'un côté de la question, le nombre considérable d'établissements laïques libres (quoique l'importance de cet enseignement ait singulièrement diminué) qui, de par la suppression de la liberté d'enseignement, cesseraient d'exister, et dont l'utilité, disons même l'absolue nécessité, est incontestable.

Est-ce là faire concurrence à l'enseignement public ?

N'est-ce pas plutôt suppléer à son insuffisance, le compléter ?

Grâce à la liberté d'enseignement, des écoles spéciales se fondent aussitôt qu'un besoin, ou local ou général, se fait sentir.

Le pouvoir central, avant d'en décider l'ouverture, entasserait rapports sur rapports, créerait commissions sur commissions et durant des années la nation souffrirait de l'absence d'un enseignement nécessaire.

En admettant même que l'Etat essaie de donner satisfaction à un besoin naissant, (et cela semble difficile puisque l'Etat a grand peine à donner satisfaction à un besoin avéré dûment reconnu), il sera ou se croira obligé de régulariser le nouvel enseignement, de fixer les programmes et presque les méthodes, au point qu'il en arrivera à enlever au professeur toute initiative personnelle.

L'existence des établissements libres est, en grande partie, la cause de la quantité de liberté dont disposent les maîtres des écoles publiques. Ces établissements supprimés, aucune raison ne subsiste pour le pouvoir central de laisser à ses professeurs le droit de travailler, je dirais volontiers, en fourrageurs.

Instinctivement, même aujourd'hui, le maître sent déjà qu'il n'est qu'un rouage minuscule dans une énorme machine, et que le moindre écart de sa part risque de détraquer la marche de l'ensemble. Il sent que ses chefs hiérarchiques ne lui pardonneraient point d'être la cause d'un accident, et par intérêt, se tient sagement à sa place, suit docilement les chemins tracés, et ne se hasarde que fort rarement à sortir de la voie ordinaire, sachant bien, quand il le fait, qu'il ne le fait qu'à ses risques et périls.

En somme, on peut considérer comme nécessaire la concurrence de l'enseignement libre et de l'enseignement public.

Ne serait-ce pas une lourde maladresse que de demander la suppression de l'enseignement libre sous le prétexte de supprimer toute concurrence à l'enseignement d'Etat.

Quel humiliant aveu de la supériorité de l'enseignement privé !

Pourrait-on plus nettement avouer à la fois l'insuffisance de l'enseignement public et l'incapacité de ses maîtres ?

Ce serait consacrer d'une façon indiscutable la décadence de l'enseignement d'Etat.

L'enseignement libre, d'ailleurs, a plus d'une fois servi, pour l'Etat, de champ d'expériences. Pestallozzi et Ferrer furent des instituteurs libres ; Sébastien Faure, avec « la Ruche » profite de la liberté d'enseignement.

Pourrait-on nier les éminents services rendus au pays par les écoles libres fondées un peu partout, par diverses associations, dans le but de donner satisfaction à un besoin social ?

A Lyon, seulement, fermera-t-on les écoles de la Martinière, l'école de tissage, l'école centrale lyonnaise, l'école supérieure de commerce, l'école de commerce pour jeunes filles, l'école des hautes études de chimie industrielle, etc., forcera-t-on la société d'enseignement professionnel à suspendre ses cours gratuits ? Et sur toute l'étendue du territoire, enlèvera-t-on le droit d'existence à toutes ces écoles, nées de l'initiative privée, et qui précisément prouvent, en vivant de leurs propres ressources, qu'elles sont nécessaires ?

Il ne faut point, dans l'étude de cette question, à la fois

aussi grave et aussi complexe, la considérer seulement au point de vue de l'enseignement primaire.

Même à ce point de vue, cependant, on peut estimer que la concurrence est utile, puisqu'elle donne au maître de l'enseignement public cet avantage que l'on s'attache au résultat de ses efforts plus qu'on ne songe à le taquiner sur ses méthodes, ou à l'obliger à s'en tenir à la lettre du programme.

On reproche à l'enseignement libre de préparer une génération ennemie de la génération que préparent les écoles publiques ; de donner une éducation susceptible d'amener ceux qui la reçoivent à se dresser, un jour, contre les principes mêmes sur lesquels est basée la société actuelle ?

Il est évident que l'éducation et l'instruction se mêlent, se confondent et se pénètrent mutuellement. Mais il est des réserves à faire.

L'unité morale n'existera pas, grâce à l'existence des deux enseignements juxtaposés, c'est entendu ; mais est-il désirable qu'elle existe, est-il possible que cette unité morale se réalise ?

L'unité morale ? Mais c'est le rêve de Napoléon I<sup>er</sup>, c'est un rêve de despote, c'est un idéal de tyran.

Unité morale ? au profit de qui ou de quoi ?

C'est là, en vérité, un idéal contraire à toutes les libertés : à la liberté de la presse qui n'aura plus sa raison d'être, comme à la liberté de la parole ; à la liberté de penser au point de vue politique, comme à la liberté de conscience au point de vue religieux.

L'unité morale peut être le rêve de l'Eglise : ce ne saurait être celui des républicains, ce ne saurait être celui des libres-penseurs.

Non, il n'est pas désirable que l'unité morale de la nation se réalise.

D'ailleurs, pour de multiples raisons, cela nous paraît impossible.

La véritable éducation ne peut se faire que de cœur à cœur, et quelles que soient à la fois l'attention et la bonne volonté de l'instituteur ou du professeur, quels que soient les soins qu'ils apportent à cette très importante partie de leur tâche, leur action reste en général bien peu efficace : ils ne peuvent agir directement sur chacun de leurs élèves.

L'éducation, au vrai sens du mot, demande à la fois le calme, la sereine affection et un cercle relativement restreint.

Aussi, les maîtres, à quelque enseignement qu'ils appartiennent n'ont généralement qu'une influence bien peu marquée sur les opinions futures de leurs élèves.

Disons-le franchement, les élèves qui fréquentent l'école libre ne sont pas destinés à être plus tard réactionnaires et cléricaux, parce qu'ils vont à l'école libre ; mais ils vont à l'école libre parce que leurs familles réactionnaires et cléricales entendent donner à leurs enfants une éducation conforme à leurs principes ?

Dans ces conditions, comment pourrait se réaliser cette fameuse unité morale ?

D'autant que, même en admettant l'établissement du Monopole, on ne pourrait empêcher les familles ou de donner à la maison un réel contre-enseignement ou de confier leurs enfants à des sortes d'internats où ils rentreraient chaque soir après avoir fréquenté, durant le jour, les écoles publiques.

En réalité, c'est le père, c'est la famille qui donne à l'enfant les principales idées qui seront plus tard, dans la vie, le guide de sa conduite.

Et comment empêcherait-on, d'ailleurs, les adversaires de notre idéal d'instituer, à l'abri du principe de la liberté d'association, des œuvres post-scolaires où il leur serait loisible de combattre notre action de chaque jour ?

Le Monopole a existé. Napoléon, qui l'avait fondé, et, après lui, l'Eglise au profit de qui la Restauration l'avait, en quelque sorte, canalisé, ont tenté de réaliser cette unité morale dans des conditions de puissance que le gouvernement actuel ne saurait posséder. Ils n'ont pu réussir.

Comment la République, qui est avant tout le gouvernement de la libre discussion, pourrait-il mener à bien cette tâche ?

L'unité d'enseignement, même, ne saurait engendrer l'unité morale, car l'éducation se fait surtout, nous l'avons déjà remarqué, au sein même de la famille.

C'est dans sa vie pratique, c'est dans ses usages journaliers, c'est dans ses coutumes, dans les remarques des parents et dans leurs paroles de chaque jour, que se forment le cœur et l'esprit de l'enfant. Les impressions qu'il a reçues ainsi dès sa plus tendre enfance resteront les plus durables.

Il est vrai, d'autre part, que l'éducation personnelle, celle que chacun se donne à soi-même prévaut toujours sur celle qu'a donnée l'école, souvent sur celle qu'a donnée la famille.

Le jeune homme qui entre dans la vie la voit rarement telle qu'il se l'était imaginée.

Le livre, le journal, le théâtre, l'image, la tribune, la chaire ouvrent à ses yeux de nouveaux et immenses horizons, et ont vite fait, selon les cas, de confirmer ou d'effacer les impressions de l'école.

3.

C'est qu'à ce moment seulement commence à s'affirmer la personnalité de l'individu.

Voltaire, Robespierre, et tous les grands révolutionnaires, avaient fait leurs études dans les collèges ecclésiastiques, voire même chez les jésuites ; par contre Veuillot était un élève de l'école laïque, et si nous recherchions les écoles dans lesquelles ceux qui, aujourd'hui, sont connus et unanimement classés comme des esprits absolument indépendants ou ceux qui sont à la tête du mouvement clérical, nous nous trouverions en présence des indications les plus différentes et en apparence les plus contradictoires.

Montesquieu disait : « L'homme reçoit trois éducations qui se contredisent l'une l'autre : l'éducation du collège, l'éducation de la société, l'éducation des livres. »

Et c'est dans cette contradiction que nous devons chercher un sentiment de sécurité pour l'avenir. En fin de compte ce ne peut être que l'individu lui-même qui s'arrête à telle idée plutôt qu'à telle autre, et cela suffit pour démontrer que l'unité morale n'est qu'un rêve irréalisable, et que l'enseignement soit libre, soit public n'a pas à ce point de vue l'importance qu'on veut lui accorder.

Constatons en terminant que si, en instruction, c'est le pouvoir de la parole qui agit, il n'en est pas de même en éducation où l'exemple seul a une réelle influence.

Comment d'ailleurs l'établissement du Monopole serait-il un bien ?

Il serait, au contraire, à craindre, nous l'avons déjà dit, que le pouvoir central n'abusât de son autorité pour imposer à l'enseignement public une sorte de dogmatisme qui lui enlèverait son caractère propre.

L'éducation laïque en arriverait rapidement, par la force même des choses, à perdre ce caractère de neutralité qui lui fait le plus grand honneur.

Cette neutralité qui, aujourd'hui, n'est obligatoire qu'au point de vue religieux le deviendrait au point de vue politique.

De même que la présence, sur les bancs de l'école, d'enfants appartenant à toutes les confessions, nous astreint à la plus grande surveillance sur nous-mêmes afin de ne blesser aucune susceptibilité religieuse, la suppression de la liberté d'enseignement en nous amenant comme élèves les enfants des familles qui n'acceptent la République qu'à leur corps défendant, nous amènerait à observer la même circonspection en ce qui concerne les idées politiques.

Aujourd'hui, si un père de famille vient à nous, le reproche à la bouche et nous fait un grief de proclamer devant nos élèves la supériorité du régime républicain sur les régimes passés, nous avons le droit de lui répondre : « Instituteur républicain, dans une école républicaine, mon devoir est de montrer à mes élèves la supériorité évidente de la forme républicaine sur la forme monarchique du gouvernement. Je regrette que vous ne partagiez pas mes idées, mais je ne puis, à cause de votre fils, manquer à mon devoir. Il est d'autres écoles que les écoles publiques où vous pourrez avoir satisfaction. Envoyez-y votre fils. »

Sous le régime du monopole, il n'en sera pas de même.

La neutralité que l'on sera forcé d'observer sera une cause de faiblesse. L'enseignement deviendra amorphe.

Contre le dogmatisme d'Etat, hésitant et variable avec les gouvernements, (j'entends les ministères qui se succèderont), l'Eglise se dressera avec ses dogmes immuables et soi-disant infaillibles.

De plus, elle prendra figure de persécutée. Elle saura (c'est d'ailleurs un de ses moyens favoris) user de cette circonstance pour illustrer et auréoler sa résistance.

Il faut envisager enfin, au point de vue laïque, le danger que créera la difficulté du recrutement.

Bien que, ainsi que nous le verrons plus bas, les chiffres fournis par M. le Ministre de l'Instruction publique soient notablement exagérés, il n'en faudra pas moins plusieurs milliers de maîtres nouveaux.

Alors qu'il est si difficile déjà de recruter aujourd'hui le personnel nécessaire, que serait-ce demain si la liberté d'enseignement était supprimée ?

Nous nous plaignons déjà de l'insuffisante préparation des maîtres.

Talonné par l'obligation de faire face à une nécessité pressante, l'Etat se verrait acculé à accepter presque tous ceux qui s'offriraient et serait fatalement amené à ouvrir la porte de l'enseignement public à la plupart des maîtres actuels de l'enseignement privé.

Et alors ?

Alors, nous aurions ce lamentable spectacle d'avoir à la tête des écoles publiques, ou un personnel insuffisant, ou un personnel hostile.

Car il ne faut point espérer que même en devenant instituteur public, un instituteur privé pourrait faire table rase de ses opinions, de ses idées, de ses tendances.

Quelques-uns d'entre eux, nous le savons, sont favorables au monopole et franchement laïques au fond. Mais la grosse majorité garde l'empreinte de l'éducation reçue, et si, en entrant dans nos rangs, ils arrivaient à s'assimiler nos méthodes, ils n'arriveraient jamais à s'assimiler notre esprit.

C'est là un formidable danger, nous le répétons.

Afin de l'éviter, un certain nombre de camarades proposent l'organisation du Monopole par étapes successives.

Peut-être si les mesures prises pour réaliser le Monopole étaient suffisamment échelonnées, pourrait-on atténuer en partie, les effets déplorables d'une organisation trop rapide.

Et encore, il est permis d'en douter, étant donné qu'actuellement, le nombre des candidats aux fonctions d'instituteurs est insuffisant déjà pour permettre une réelle sélection.

Mais il ne faut pas oublier que l'Etat n'est pas seul intéressé à la question. A côté de lui se trouve l'Eglise qui ne manquera pas de prendre toutes les mesures nécessaires, ou pour faire échouer le Monopole dont elle n'accepterait le principe que s'il était réalisé à son profit, ou pour rendre la mesure illusoire.

La menace de M. Touchet, évêque d'Orléans, n'a pas, outre mesure, ému les partisans du Monopole. Chacun sent que ce n'est là qu'une menace... de principe.

Mais ne serait-il pas possible que l'Eglise, reprenant la pensée de M. Touchet se tînt le raisonnement suivant : « Le Monopole est préparé contre moi. Si je laisse à l'Etat le temps nécessaire, il trouvera petit à petit, un nombre suffisant de maîtres pour assurer la réussite de son projet. Il vaut mieux, en fermant brusquement mes écoles, l'obliger à faire face d'un seul coup à toutes les difficultés que soulève l'instauration du nouveau régime d'enseignement. J'aurai d'abord la joie de le voir dans un profond embarras, et ce qui vaut mieux encore, de le mettre dans l'obligation de faire appel à mes maîtres. »

On déduit facilement les conséquences d'un tel état de choses, et il est inutile d'insister.

Disons simplement qu'il paraîtrait profondément regrettable de voir pénétrer dans le personnel primaire, à la faveur du Monopole, un nombre considérable d'instituteurs inféodés à l'Eglise. Ils y apporteraient un « esprit nouveau » qui pourrait modifier, et non en bien, la mentalité générale de l'école publique.

Devons-nous dire, avec l'Eglise : « La liberté profite à nos adversaires, supprimons-la. Empêchons par la force l'éclosion des pensées qui ne sont point nôtres. »

Supposons le Monopole établi ; quelles seront les sanctions contre les récalcitrants, car il y en aura, au moins dans les premiers moments de son existence. Où s'arrêtera la répression ?

L'oppression, pour être collective, n'est pas moins

odieuse, et si nous stigmatisons avec raison l'acte de Louis XIV enlevant aux protestants leurs enfants pour les faire instruire dans la foi catholique, ne commettons pas vis-à-vis des ennemis de la République, le déni de justice contre lequel nous nous élevons si justement.

Lorsque le Monopole existait, l'Eglise s'en était en quelque sorte emparée grâce à la complicité de Louis XVIII et de Charles X ; si elle redevenait la maîtresse des destinées de notre pays, elle le rétablirait à son profit ; mais est-il permis à des républicains qui opposent au principe d'autorité absolue sur lequel est fondée l'Eglise, le grand et noble principe de la liberté pour tous, de combattre l'Eglise avec ses propres armes.

Le fait d'avoir en France deux grands courants opposés est la condition nécessaire de la vie morale de la nation.

Ne serait-ce pas, si l'on supprimait la liberté d'enseignement, une nouvelle application du fameux précepte de l'Evangile : « Contrains-les d'entrer », par lequel l'Eglise justifiait les persécutions et les horreurs de l'Inquisition ?

Ne faut-il pas, dans un pays comme le nôtre, où l'on proclame, à raison de la tolérance qui est au fond de notre éducation nationale, que la foi la plus profonde doit vivre paisiblement à côté du matérialisme le plus absolu, que, précisément, l'Etat donne lui-même à tous, l'exemple du respect de toutes les convictions.

C'est un des suprêmes honneurs de l'humanité tout entière et de la France en particulier que d'avoir, dans le choc des discussions ardentes et passionnées, substitué aux violences des partis le respect des convictions sincères les plus opposées.

Dans une démocratie où toutes les opinions peuvent et doivent se coudoyer, en se respectant, s'il est permis à chacun de lutter pour la propagation de ses idées, il n'est loisible à personne d'opprimer celles d'autrui ; si le devoir des uns est de combattre pour le principe qu'ils croient juste, le devoir des autres est de ne point reculer d'un pas dans l'affirmation du principe qu'ils défendent.

La liberté est l'essence même de la République. Elle est la condition nécessaire de la vie intellectuelle et morale du pays ; c'est dans la liberté seulement que la conscience se développe, que l'esprit travaille avec quelque chance de succès à la recherche de cet idéal humain presqu'inaccessible qu'est la vérité.

Pas plus au point de vue politique qu'au point de vue pédagogique ou qu'au point de vue juridique, l'établissement du Monopole n'est désirable.

La suppression de la liberté d'enseignement aurait pour

première conséquence de réveiller chez beaucoup d'indifférents le sentiment des luttes religieuses.

L'hostilité des ennemis de la République en serait avivée et en quelque sorte exaspérée.

Oh ! nul ne prétend qu'il faille abandonner la lutte contre l'esprit clérical, mais ce que prétendent les ennemis du Monopole c'est que le Monopole lui-même ne serait qu'un des pires moyens à employer, qu'il tromperait l'attente de ses partisans, et que l'Eglise trouverait dans son établissement un regain d'activité, une raison nouvelle de recruter des adhésions.

Enlèverait-il d'ailleurs à l'Eglise son influence sociale ?

Bien au contraire. Sa propagande prendrait une intensité nouvelle dans tous les milieux.

Elle a déjà, avec la souplesse qui lui est propre, fait pénétrer profondément son influence dans les milieux ouvriers par ses œuvres sociales, conçues, d'ailleurs, de façon à lui assurer une direction effective des consciences.

Elle saura, le cas échéant, user du côté généreux de notre caractère national. Le peuple français ne supporte point l'oppression, non seulement en ce qui le concerne directement, mais il se sent toujours prêt à courir au secours des opprimés.

Ne donnons pas au peuple l'impression que l'Eglise est une victime.

Depuis longtemps, elle se plaint d'être l'éternelle persécutée. Le bon sens du pays a fait justice de ses accusations et nul ne s'est ému de ses appels réitérés. Chacun, en effet, peut constater que l'Eglise jouit des mêmes libertés que l'ensemble du pays.

Mais la fermeture, immédiate ou graduelle, brutale en tout cas, de toutes ses écoles serait de nature à laisser croire au pays qu'elle est réellement opprimée par l'Etat.

Certes, nul ne songe à nier le péril que ferait courir à la pensée humaine le triomphe définitif de l'Eglise.

Bien que « son royaume ne soit pas de ce monde », elle entend conquérir et garder sur le pouvoir civil une incontestable suprématie.

L'assaut formidable que, sous ses auspices, la réaction dirige contre l'école laïque n'est évidemment pour elle qu'un moyen d'arriver à ses fins.

Mais est-il permis à des républicains de mentir à leurs principes en supprimant la liberté de leur adversaire ?

La paix sociale ne s'organise pas par des vexations ni par l'oppression.

Il est des moyens — et le parti républicain les a jadis employés avec succès — de combattre l'entreprise du parti clérical.

Si hardiment, franchement, l'Etat oblige l'Eglise à se tenir dans le domaine religieux que nul ne songe à lui contester, il aura vite raison de ses dernières tentatives.

Que les républicains, que les libres-penseurs, comptant moins, à leur tour, sur l'intervention de l'Etat, reprennent la lutte qu'ils ont trop tôt abandonnée ; que par la parole, que par la plume, ils fassent autour d'eux une incessante propagande et la raison ne tardera pas à triompher des arguments du fanatisme.

Mais qu'on ne touche pas à la liberté, que l'on ne cherche point à façonner l'esprit français dans un moule unique ! Ce serait peine perdue, d'ailleurs. Le bouillonnement ne tarderait point à faire déborder le vase.

La bourgeoisie, même républicaine, s'est rapprochée de l'Eglise. Après avoir combattu longtemps l'influence de cette dernière, elle a vu poindre un autre danger, — celui d'en bas — et elle l'a jugé plus terrible pour elle.

Contre ce danger elle a fait appel au conservatisme de la puissance ecclésiastique et c'est de concert avec elle qu'elle tente de résister à la marche ascendante du prolétariat.

N'oublions pas que l'Etat actuel n'est, en quelque sorte, que le chargé d'affaires de la classe bourgeoise.

Peut-on, après avoir constaté le fait, donner à l'Etat la formidable puissance que lui mettrait en mains le Monopole de l'enseignement ?

D'autre part, au moment même où tous les efforts du parti républicain tendent à la décentralisation, supprimer la liberté d'enseignement serait aller à l'encontre de ses aspirations.

Qu'est donc le Monopole, sinon la centralisation absolue du pouvoir d'enseigner ?

Sans doute, les particuliers ou les associations qui prennent l'initiative de fonder des établissements d'instruction peuvent se tromper sur certains points.

C'est à la société de se défendre, non pas en leur enlevant la liberté d'errer, mais en combattant leurs erreurs.

Ne tuons pas la quantité de vie qui peut se trouver dans l'erreur même.

La vérité, c'est qu'il faudrait instaurer en France non pas la liberté *de* l'enseignement, mais la liberté *dans* l'enseignement.

Nous n'en sommes point là, et le Monopole nous éloignerait encore de cet idéal.

Mais l'étude de la question resterait incomplète si nous n'examinions avec soin la répercussion qu'aurait sur les finances du pays, la suppression de la liberté d'enseignement.

Cette année même, répondant à une question écrite de M. Compère-Morel, le Ministre de l'Instruction publique déclarait que la situation actuelle de l'enseignement privé en France se traduit par les chiffres suivants :

Nombre d'écoles ............... 14.464
Nombre de classes ............ 35,215
Nombre d'élèves .............. 1.148.704

L'établissement du Monopole mettrait donc l'Etat dans l'obligation de trouver pour ces onze cent mille enfants les locaux et les maîtres nécessaires.

Et calculant la dépense qu'entraînerait avec elle cette solution, le Ministre la fixait :

Pour construction et aménagement des locaux, de 400 à 450 millions ;

Pour traitement des maîtres (dépense annuelle), 53 millions 400.000 fr.;

Pour retraites du personnel, après 30 ans (dépense annuelle), 7.000.000 fr.

On aurait beau jeu, en tablant sur les chiffres ci-desssus, à démontrer l'impossibilité matérielle d'un tel effort financier.

Mais l'on peut, hélas ! sans rien enlever à la valeur de l'argument, reconnaître que ces chiffres sont exagérés.

Il ne serait évidemment pas nécessaire, cela saute aux yeux, de construire 35.215 classes ni de trouver 35.215 maîtres.

Ces classes existent, soit ; ces maîtres professent, d'accord ; mais il ne faut pas oublier que dans les campagnes, la population scolaire totale trouverait largement la place nécessaire dans les écoles publiques.

D'une façon générale, c'est dans les villes seulement, où les écoles publiques sont déjà surpeuplées que s'imposerait la nécessité de construire des écoles et de créer de nouveaux postes.

Et cependant, pour être exact, il faut ajouter que le Monopole, fût-il établi, une partie des élèves de l'enseignement privé ne viendrait pas, quand même, à l'école publique : ce sont les enfants dont la famille craint, pour eux, le contact direct avec les fils d'ouvriers, la promiscuité avec les pauvres.

Ceux-là constitueraient la clientèle des classes primaires des lycées et des collèges.

Dans les communes rurales 8 fois sur 10, aucune dépense supplémentaire ne viendrait s'opposer à l'établissement du Monopole.

En admettant que les observations qui précèdent fassent baisser d'un quart ou d'un tiers le montant des dépenses à prévoir, en acceptant même le chiffre le plus bas qui ait été proposé pour les dépenses de premier établissement, soit : 120 millions, auxquels il faudrait d'ailleurs ajouter les dépenses annuelles, il n'est guère possible d'admettre que le Gouvernement l'accepte, ni que le Parlement le vote.

Et ce chiffre de 120 millions doit être inférieur à la réalité.

Il est encore à prévoir une autre source de dépenses qui résulteraient de la suppression de l'enseignement privé.

Les directeurs et les directrices des établissements libres, à qui la loi aurait enlevé le droit de continuer à exercer la profession pour laquelle ils se sont spécialement préparés, n'auraient-ils pas droit à des dommages-intérêts ?

Il ne serait pas possible que la République, soucieuse avant tout de conserver son renom de justice et d'équité, enlevât à des citoyens auxquels, en somme, elle ne pourrait reprocher aucune faute, le droit au travail et à l'existence, qu'elle les dépossédât de leur propriété et qu'elle les jetât brutalement à la misère sans leur donner « la juste et préalable indemnité » prévue par l'art. 17 de la Déclaration des Droits de l'Homme.

Et ceux des maîtres qui ne pourraient ou ne voudraient pas entrer dans l'enseignement public, n'auraient-ils pas, comme leurs directeurs, le droit de faire entendre leurs réclamations ?

A combien se monterait cette nouvelle dépense ?

Les frais de construction ne sont pas, d'ailleurs, les seuls que l'on doive envisager.

Outre leur large part dans les frais d'édification des locaux, les communes seraient tenues de se procurer le matériel d'enseignement ; de voter, le cas échéant, les indemnités de résidence et de logement, puisque ce serait surtout dans les villes que s'ouvriraient de nouvelles classes, de solder les frais d'entretien, de chauffage, parfois même, le prix des fournitures scolaires, etc.

Autre source de dépenses, d'impositions nouvelles et par conséquent... de protestations.

N'est-il pas à craindre que l'instituteur (cette dernière raison s'ajoutant à d'autres que nous avons exposées ou que nous allons examiner) soit le bouc émissaire sur lequel s'exerceraient les rancunes ?

Ces considérations sont de nature à faire réfléchir.

Et il semble bien difficile d'admettre que l'on puisse se lancer de gaîté de cœur dans une entreprise si grosse de surprises probables et d'aléas inattendus et impossibles à prévoir.

Mais supposons qu'enfin, et malgré toutes les objections qui précèdent, le Monopole soit établi.

Toute la clientèle actuelle de l'enseignement privé afflue dans les établissements de l'Etat.

Il faudrait ne point connaître le cœur humain pour ne pas prévoir les ennuis, les attaques, les assauts continuels dont seront victimes les instituteurs.

On regrette toujours ce que l'on n'a plus et on le regrette doublement quand on se l'est vu arracher par la force.

L'école serait entourée d'une atmosphère de défiance et de haine. Les élèves, obligés contre le gré de leurs familles de fréquenter l'école publique, seraient dressés contre le maître. Espions inconscients, ils rapporteraient, à la façon des enfants, c'est-à-dire en les dénaturant le plus souvent, les paroles de leur instituteur, la moindre de ses actions.

Espère-t-on que les ennemis de la laïque s'inclineront sans mot dire devant une loi qu'ils estimeront attentatoire à leur droit et à leur liberté ?

Les familles, ou du moins, un grand nombre de familles résisteront et organiseront autour du maître une guerre d'escarmouches : livres, leçons, cahiers seront examinés à la loupe.

Le moindre prétexte donnera lieu à des plaintes, à des dénonciations et le malheureux instituteur tracassé, éperdu, n'aura plus la liberté d'esprit si nécessaire à l'accomplissement de sa tâche quotidienne.

Pourrait-on espérer que le fameux « Pas d'histoire » disparaîtra avec la liberté d'enseignement ?

Pris entre sa conscience, son devoir, l'administration et les familles, incertain du lendemain, le malheureux instituteur pourra toujours craindre d'être rendu responsable des difficultés survenues au sujet de son enseignement.

Très probablement le Monopole rendrait intenable la situation d'instituteur, et pour quel résultat ?

Il n'enlèverait point les enfants à l'influence du prêtre à qui, en tout état de cause, on ne pourrait retirer le droit de les réunir pour leur enseigner les préceptes de leur foi ; il n'empêcherait pas les familles de détruire à la maison, par un contre-enseignement régulier, le travail fait à l'école.

L'Eglise ne perdrait rien de sa force, et sa combativité serait décuplée. Il a été dit plus haut le parti qu'elle tirerait du rôle de persécutée.

Et il reste à résoudre cette question fondamentale : L'Etat aurait-il la volonté d'abord, les moyens ensuite, de vaincre les manifestations répétées et continuelles des partisans de la liberté d'enseignement.

Aurait-il même, lui aussi, sa pleine liberté d'action ? Il

ne faut pas oublier qu'un grand nombre de républicains, convaincus et éprouvés, sont opposés au Monopole, moins à cause des difficultés financières, que par une question de principe.

Il ne faut pas oublier non plus que beaucoup de républicains mêmes — les républicains d'opposition, quel que soit d'ailleurs le parti au pouvoir — le combattront forcément parce qu'ils en souffriront ou pourraient être appelés à en souffrir.

D'autre part, les ressources que le parti clérical emploie actuellement à l'organisation de ses écoles, à leur entretien, au traitement des maîtres et enfin à la propagande nécessaire au recrutement des élèves, retrouveraient un emploi tout indiqué dans un contre-enseignement qui se donnerait dans les œuvres post ou péri-scolaires.

L'Eglise organiserait, à l'aide des sommes énormes que la suppression de la liberté d'enseignement laisserait à sa disposition, un enveloppement savant de l'école, d'autant plus à craindre qu'elle disposerait de capitaux considérables.

Déjà les patronages privés nous enserrent à nous étouffer. Que serait-ce si toute l'activité de nos adversaires se concentrait sur l'accaparement des adolescents ?

A considérer ce qui se passe aujourd'hui, on peut prévoir une lutte sans merci.

Il ne faut point espérer que les contempteurs de l'école laïque abandonneraient le combat. Ils le porteraient sur un autre terrain.

Agissant à la fois sur l'enfant pendant les heures consacrées à l'enseignement religieux, sur les familles par l'appât d'avantages précisés d'ailleurs dans l'étude de la situation actuelle, sur les adolescents par ses patronages et dans les œuvres qu'elle a déjà organisées et qu'elle pourrait multiplier presque à l'infini, nos adversaires annihileraient plus qu'aujourd'hui l'action de l'enseignement laïque, et pourraient être, en fin de compte, les véritables bénéficiaires de l'établissement du Monopole.

Sans compter que le personnel serait dans une situation beaucoup plus précaire.

Qu'un gouvernement réactionnaire détienne pour un instant le pouvoir et les instituteurs seraient à la merci d'une plainte ou d'une dénonciation.

Qu'un revirement d'opinion amène la chute de la République, et le Monopole, institué par elle, deviendra dans les mains de ses adversaires, l'arme la plus formidable contre elle-même et contre la doctrine laïque.

Très probablement, cette dernière hypothèse, pour de

multiples raisons, n'est point à redouter ; mais qui peut cependant, s'assurer de l'avenir, et ne faut-il point, dans une question aussi grave, envisager toutes les éventualités ?

Ajoutons simplement en terminant qu'avec la République, moins brutalement autoritaire qu'une monarchie, parce que plus attachée à l'idée de liberté, le Monopole semble être, pour l'avenir, la capitulation fatale devant l'adversaire.

## Pour le contrôle de l'enseignement privé et le stage scolaire

Nous venons, croyons-nous, de démontrer la légitimité de la liberté de l'enseignement. Est-ce à dire que nous entendons laisser l'Etat absolument désarmé devant ses adversaires, et la République exposée sans défense aux attaques de ses ennemis.

Ce que nous défendons, c'est la liberté et non la licence de l'enseignement.

Si l'Etat n'a point le droit de supprimer aux familles la possibilité de choisir l'école où elles font instruire leurs enfants, du moins personne ne lui conteste celui d'exercer un contrôle sur l'enseignement tout entier.

Mgr Gaume écrit :

« Elever les enfants dans l'esprit de la société dont ils sont les fils et dont ils doivent être les continuateurs, telle est la loi que le bon sens indique à chaque peuple. »

M. Taudière, au Congrès de la jeunesse catholique, n'est pas moins affirmatif :

« L'Etat est grandement intéressé à ce que l'éducation et l'instruction de la jeunesse soient bonnes, saines, favorables au bon ordre et au maintien des grands principes sociaux ; cela est d'évidence, surtout pour un gouvernement issu de l'opinion. L'enfant d'aujourd'hui sera le citoyen de demain ; la formation intellectuelle qu'il aura reçue aura son contre-coup nécessaire sur les destinées du pays. Dès lors l'Etat-gouvernement a le droit vrai et le devoir de se préoccuper de l'instruction et de l'éducation publiques. »

M. Thiers, dans son rapport du 18 juillet 1845 à la Chambre des députés, sur le projet d'organisation de l'enseignement secondaire, écrivait :

« L'enfant qui naît appartient à deux autorités à la fois : au père qui lui a donné le jour et qui voit en lui sa propre prospérité, le continuateur de sa famille, et à l'Etat qui voit en lui le citoyen futur, le continuateur de la nation. Les droits de ces deux autorités sont divers, mais également sacrés et ne doivent être éludés ni l'un ni l'autre...

« La liberté d'enseignement consiste à fournir aux pères tous les moyens de satisfaire leurs penchants divers et de les satisfaire non seulement dans l'asile sacré de la famille, asile fermé à toute autorité extérieure, mais aussi dans les établissements publics, régulièrement constitués, toujours ouverts. Mais là s'arrête le droit du père de famille et là commence le droit de l'Etat.

« L'Etat a bien le droit de vouloir quelque chose au sujet de l'enfant qui vient de naître, et si le père a le droit, au nom de sa tendresse, de souhaiter pour lui certains soins physiques et moraux, l'Etat a le droit de vouloir qu'on en fasse un citoyen plein de l'esprit de la Constitution, *aimant les lois*, aimant le pays, ayant les penchants qui peuvent contribuer à la grandeur et à la prospérité nationales. »

Nous pourrions multiplier les citations.

Or, que disait la loi Falloux, art. 21 : « L'inspection des écoles libres porte sur la morale et l'hygiène. Elle ne peut porter sur l'enseignement que pour vérifier s'il n'est pas contraire à la morale, à la Constitution et aux lois. »

Et que dit la loi du 30 octobre 1886 dans son art. 9 : « L'inspection des écoles privées porte sur la moralité, l'hygiène, la salubrité et sur l'exécution des obligations imposées à ces écoles par la loi du 28 mars 1882. Elle ne peut porter sur l'enseignement que pour vérifier s'il n'est pas contraire à la morale, à la Constitution et aux lois. »

Les deux articles sont presque identiques. Ils le sont absolument, d'ailleurs, en ce qui concerne la surveillance de l'enseignement. L'art. 42 de la même loi dispose que tout directeur d'école privée qui refusera de se soumettre à la surveillance et à l'inspection des autorités scolaires sera condamné, par le tribunal correctionnel, à une amende de 50 à 500 fr. ; en cas de récidive, l'amende sera de 100 à 1.000 fr. Et s'il y a eu 2 condamnations dans l'année, la fermeture de l'établissement sera ordonnée par le jugement qui prononcera la 2ᵉ condamnation.

L'art. 167 du décret organique du 18 janvier 1887 dit que les personnes préposées par la loi à l'inspection des établissements primaires, ont le droit de « se faire présenter, dans les écoles privées, les livres en usage et les cahiers des élèves ». Elles dressent procès-verbal de toutes les contraventions qu'elles reconnaissent. Si la contravention consiste dans l'emploi d'un livre interdit, ce livre *peut être* saisi. Il est joint au procès-verbal.

Et l'art. 35 de la loi du 30 octobre 1886 dispose que les directeurs et directrices d'écoles primaires privées sont entièrement libres dans le choix des méthodes, des programmes et des livres, réserve faite pour les livres qui auront été interdits par le Conseil supérieur de l'Instruction publique.

Sont-ce là des garanties suffisantes ?

Prenons l'avis des intéressés eux-mêmes.

M. Orain, directeur de l'école de Notre-Dame-des-Aydes à Blois, répondait à M. Ribot : « L'inspection diminuerait la liberté. Je ne vois pas l'utilité d'une inspection de notre enseignement, du moment que nous avons des professeurs auxquels vous avez reconnu une capacité suffisante... L'inspecteur qui examinera les livres *n'y verra jamais rien contre la morale et la Constitution.* »

Et au cours de la même enquête, le Père Didon, directeur du collège d'Arcueil, assurait que l'inspection se faisait au point de vue hygiénique et au point de vue du personnel.

« Mais, demande M. Ribot, elle ne se fait pas au point de vue de l'enseignement ? »

*Le P. Didon.* — *Elle n'existe pas à cet égard, nous la faisons pour notre compte. L'Etat n'intervient pas.*

Certaines dépositions sont d'une belle ironie.

« Supposez que nous ayons quelque chose à cacher, déclarait M. Havret, directeur de l'externat de la rue de Madrid, nous n'irions pas le dire juste au moment où l'inspecteur serait là. »

C'est évident, et par cette réponse, on peut juger à la fois de l'utilité de l'inspection actuelle des établissements d'enseignement privé, des garanties qu'elle apporte à l'Etat, et de la moralité du système tout entier.

Et il arrive ce fait inouï, c'est que, de cette inspection que l'on n'a établie que par un sentiment de défiance envers l'enseignement libre, les instituteurs privés se prévalent auprès des familles comme d'une reconnaissance officielle.

Il y a plus et mieux à faire.

La réforme de ce contrôle absolument illusoire s'impose.

D'autant plus que grâce à l'élasticité des textes les directeurs et directrices des écoles privées éludent la plupart des prescriptions légales.

Par exemple, on installe des moniteurs, non pourvus de diplômes, et en laissant ouvertes les portes de communication qui réunissent les salles, on prétend que le directeur seul fait la classe à 150 ou 180 élèves, et l'on échappe aux prescriptions légales qui disposent que nul ne peut enseigner dans une école privée avant l'âge de 18 ans pour les instituteurs et de 17 ans pour les institutrices, ni sans être pourvu des titres nécessaires.

Ce qu'il faut organiser, c'est un contrôle sérieux, effectif de l'enseignement privé ; que ce contrôle porte sur les programmes, sur l'enseignement, qu'il soit, en un mot, pour les écoles privées ce qu'il est pour les écoles publiques, sauf, bien entendu, en ce qui concerne l'enseignement confessionnel.

Il faut que personne ne puisse installer, dans un établissement libre, sous le nom de moniteurs, des maîtres ne remplissant pas les conditions légales ; il faut que le C. A. P. soit exigible de tout candidat à la direction d'une école privée ; il faut, ou bien que les livres mis entre les mains des élèves par les instituteurs libres aient été préalablement autorisés par l'administration académique, et si l'on n'exige point qu'ils soient choisis sur la liste départementale, dressée pour les écoles publiques, (cependant d'un rare éclectisme), comme le demandent quelques-uns d'entre nous, qu'une liste, du moins, soit dressée spécialement pour eux après entente avec les autorités scolaires.

Il faut que les inspecteurs puissent se rendre un compte exact de ce qui se passe à l'école privée, qu'ils aient le droit *légal* d'interroger les élèves, d'assister aux leçons du maître, de s'assurer enfin que, hors ce qui concerne l'enseignement religieux, l'enseignement qu'on y donne n'est point de nature à porter préjudice à l'avenir du pays et à la liberté future de l'enfant.

Il ne s'agit point ici d'établir une sorte de monopole sans le nom ; ce serait de l'hypocrisie ; mais il s'agit de donner à l'Etat la possibilité de remplir son devoir et aussi d'exercer ses droits, les droits que même les adversaires du Monopole sont presque unanimes à lui reconnaître.

Il faut que les établissements d'enseignement privé ne puissent délivrer de diplômes tels que le certificat d'études libre. L'Etat a, de par la loi, le monopole de la collation des grades. Quoiqu'il soit prétentieux d'assimiler le certificat d'études primaires aux diplômes que l'on n'obtient qu'après de longues et pénibles études, le Gouvernement n'en a pas moins le droit de veiller sur ses prérogatives et le devoir de ne point y laisser porter atteinte.

Il faut enfin que les formalités à remplir pour ouvrir une école primaire privée soient modifiées de façon à donner à l'Etat et aux familles toutes les garanties nécessaires, tant au point de vue de l'hygiène qu'au point de vue de la salubrité.

Il est lamentable de penser que grâce à l'élasticité des règlements, certaines écoles privées, installées dans des locaux malsains, sont aménagées en dépit de toutes les lois de la prudence.

Ceux qui ont le prétendu souci de l'avenir moral et intellectuel des enfants n'ont pas le droit de se désintéresser de leur avenir matériel ni de leur santé.

Et l'Etat a tout au moins le devoir étroit de prendre les précautions nécessaires pour n'avoir pas, dans l'avenir, une génération mi-rachitique, mi-tuberculeuse.

Que l'on allonge, si cela semble nécessaire, les délais qui séparent la déclaration de l'ouverture de l'école, mais qu'il soit bien stipulé qu'aucune école libre ne pourra s'ouvrir avant qu'une inspection minutieuse des locaux n'ait eu lieu par l'architecte départemental accompagné de l'inspecteur primaire, avant qu'il n'ait été constaté que toutes les conditions voulues par la loi et relatives à l'installation des privés, au cube d'air, à l'éclairage, au chauffage, etc., ont été scrupuleusement observées, que l'arrêté d'autorisation, enfin, indique le nombre maximum des élèves que pourra compter l'école privée.

Une précaution non moins importante sera, — mais on a cherché déjà à résoudre la question, et l'expérience indiquera, petit à petit, la meilleure solution, — de garantir l'absolue liberté des parents et de poursuivre rigoureusement tous les faits de pression sur les familles.

Grâce à ces mesures, prévues en majeure partie dans la proposition de loi déposée le 29 mars 1913 par M. Ferdinand Buisson, l'enseignement privé conserverait toute son indépendance au point de vue confessionnel, mais l'Etat reprendrait sur lui, à tout autre point de vue, une autorité qu'il n'aurait jamais dû abandonner. Enfin, les écoles publiques ne pourraient continuer à se faire des foyers de propagande anti-républicaine.

L'art. 4 du projet Buisson dit expressément :

« Dans tout établissement privé, le personnel chargé de la direction ou de l'enseignement doit remplir les mêmes conditions de nationalité, d'âge, d'état-civil et produire les mêmes titres de capacité que le personnel des établissements d'enseignement public de même ordre. Il doit, de plus, justifier de trois années au moins de fréquentation des établissements d'enseignement public dans les conditions déterminées aux art. 16 et 19. »

Cet article donnerait satisfaction à tous ceux d'entre nous qui demandent que les maîtres de l'enseignement privé soient soumis à toutes les exigences auxquelles nous sommes soumis nous-mêmes.

Il prévoit, dans sa seconde partie, le rétablissement du stage scolaire.

Dans l'enseignement primaire, les maîtres des établissements d'enseignement libres devraient donc justifier d'un stage de 3 ans dans les écoles normales.

Toute l'argumentation de M. Buisson est à lire.

Pour ne pas allonger outre mesure le présent rapport, je

renvoie mes collègues aux articles publiés par M. Buisson lui-même dans *le Temps*, les 9, 14, 16 et 23 septembre derniers.

Je veux citer seulement les dernières lignes :

« Il peut sembler étrange qu'on attende de si grands résultats du seul fait de rapprocher sans les confondre et sans les violenter les deux corps enseignants dont la guerre est actuellement à l'état aigu. J'essayerai de justifier ce paradoxe en appliquant — pour conclure — au petit monde primaire le mot fameux de Waldeck-Rousseau sur les deux « jeunesses ». Il y a bien en effet deux jeunesses qui se disputent la direction de l'éducation populaire.

« Faut-il essayer de supprimer l'une des deux ? C'est la thèse du monopole. Je n'y souscris pas.

« Faut-il se résigner à les laisser vivre toutes deux, mais sur le pied de guerre ? Et alors, catholiques et libres-penseurs, allons-nous redoubler d'ardeur chacun pour notre camp jusqu'à ce que tout le pays soit déchiré par la lutte sans merci de nos deux armées ?

« Je propose une solution.

« Amenez ces deux jeunesses ennemies à se rencontrer avant l'heure de la bataille, à l'heure propice des études. Qu'elles prennent contact non pas comme vainqueurs et vaincus d'hier ou de demain, mais toutes deux libres, sur le pied d'égalité, dans un milieu paisible et fraternel. Mettez-les en face de l'ouvrage commun — et si beau — qui est leur préparation à la vie d'éducateurs, en laissant à chacune d'elles l'usage de tous ses moyens, la liberté d'esprit et de parole, la sécurité, la confiance réciproque. Obligez par la loi tous ces aspirants éducateurs à prendre le temps de se connaître, de converser, de s'expliquer sans truchements, d'apprendre, laïcs, ce qu'est le sentiment religieux ; catholiques, ce qu'est la libre pensée. Et puis, laissez faire.

« Il ne faudra pas longtemps pour qu'il y ait quelque chose de changé. Certes, les catholiques resteront catholiques, peut-être plus que jamais, et les laïcs toujours laïques. Mais chacun de ces deux groupes, à son propre étonnement, pourrait bien se redire tout bas le vers

Ma haine va mourir, que j'ai crue immortelle.

« Quelques années de cette expérience, et il subsistera encore des écoles confessionnelles et des écoles laïques. Mais entre elles aura soufflé, faut-il dire, un esprit nouveau ? Non, car c'est celui même d'où naquit, il y a trente ans, tout notre régime scolaire. C'est l'esprit de la République, à moins que ce ne soit simplement le vieil esprit de la

France qui fait des prodiges avec ces deux autres forces :
le bon sens et le bon cœur du peuple. »

Peut-être, en effet, y a-t-il là quelque chose à tenter ; et
cette mesure, ajoutée au contrôle effectif de l'enseignement
privé pourrait-elle contribuer à ramener la paix sociale si
troublée aujourd'hui et pour laquelle semble se préparer
un avenir plus sombre encore que le présent.

## Contre le contrôle de l'enseignement privé et le stage scolaire

Un certain nombre d'Amicales considèrent que le contrôle de l'enseignement privé, même tel que l'établit la
proposition de loi présentée par M. Buisson, même avec les
garanties qu'apporterait avec elle une réglementation encore
plus étroite des formalités actuellement exigibles pour l'ouverture des établissements d'enseignement libre, même avec
la mise en application des dispositions relatives au stage scolaire, serait loin d'aboutir aux heureux résultats qu'en
attendent ses partisans.

Il faudrait ne point connaître l'Eglise pour supposer que
le contrôle d'un inspecteur quel qu'il soit, pourra la gêner
dans l'exécution de ses desseins.

Rappelons-nous les extraits cités plus haut, et tirés des
déclarations des directeurs d'institutions libres devant la
Commision de l'enseignement que présidait M. Ribot :

« M. ORAIN. — L'inspecteur qui examinera les livres *n'y
verra jamais rien contre la morale et la Constitution.* »

L'art. 6 de la proposition de loi dit : « L'Inspection porte
sur la moralité, l'hygiène, la salubrité et sur l'exécution des
obligations imposées par les lois scolaires. Elle ne peut porter sur l'enseignement que pour vérifier s'il n'est pas contraire à la morale, à la constitution ou aux lois.

« L'Inspecteur a le droit de visiter l'établissement, d'assister aux classes, d'interroger les élèves, d'examiner sur
place les livres, les cahiers et les devoirs et de se faire
remettre ceux qu'il juge nécessaire d'emporter.

« L'emploi du temps doit être tenu à sa disposition. »

Eh bien ! qu'y aura-t-il de changé ? L'Inspecteur pourra
voir les livres, les cahiers et les devoirs ? N'ayant le droit
d'intervenir ni au sujet des programmes, ni au sujet des
méthodes, il constatera, sans pouvoir y rien changer, si ce
qui est écrit n'est contraire à la morale, ni à la constitution,
ni aux lois, quels sont les programmes suivis, quelles sont
les méthodes employées.

Il pourra interroger les élèves ?

Admettons que l'un d'eux lui fasse une réponse contraire
à la Constitution.

J'entends d'ici la conversation : « Comment ! Monsieur l'Instituteur ! voilà ce que vous apprenez à vos élèves. Mais c'est une lourde faute, et votre enseignement est contraire à la Constitution. — Pardonnez-moi, Monsieur l'Inspecteur. Je n'ai rien dit de semblable. Voici mes cahiers, voici mon journal de classe, voici les livres dont je me sers et ceux dont se servent les élèves. Vous pouvez voir que tout est parfaitement régulier. Mais vous savez que la plupart des enfants qui fréquentent nos classes appartiennent à des familles dont les *préférences politiques* ne vont point à la République, et cet élève a certainement ici, rapporté des paroles qu'il a entendu prononcer dans sa famille. A cela, je ne puis rien, et vous-même, Monsieur l'Inspecteur, seriez injuste si vous m'en rendiez responsable. »

On fera une enquête, on interrogera les élèves, dites-vous ! Mais ne sait-on pas que l'on peut faire dire aux enfants à peu près tout ce que l'on veut. Et lorsque nous protestons, nous, contre le trop de créance apporté aux dépositions des enfants dans les enquêtes qui concernent l'un des nôtres (rappelons-nous le bruit que soulevèrent quelques lignes de M. Marcel Prévost qui, précisément, demandait que l'on fît état des racontars d'élèves), pourrons-nous demander qu'un maître de l'enseignement libre soit condamné sur la déposition de ses élèves si rien, ni dans les livres, ni dans les cahiers, ne vient la corroborer.

L'Inspecteur assistera aux leçons. Je laisse à M. Havret le soin de répéter la réponse qu'il fit à M. Ribot :

« Supposez que nous ayons quelque chose à cacher, nous n'irions pas le dire juste au moment où l'inspecteur serait là. »

Qu'on examine les cahiers rapidement et sur place, ou qu'on les emporte pour les voir à loisir, le résultat sera le même.

S'il y a quelque chose à cacher, non seulement on ne le dira pas devant l'Inspecteur, mais on l'écrira encore bien moins, et les membres de l'enseignement libre n'oublieraient pas le *scripta manent* qui resterait, pour eux, un conseil de haute prudence.

L'emploi du temps sera tenu à la disposition de l'Inspecteur !

A quoi servira cette précaution ?

L'emploi du temps demandé est produit : de deux choses l'une, il est exactement suivi ou il ne l'est pas.

S'il ne l'est pas, qu'y peut l'Inspecteur ? Cela ne touche ni à la morale, ni à la Constitution, ni aux lois.

Son pouvoir se borne à constater que l'emploi de temps n'est pas suivi ? Cela est-il d'une bien grande importance ?

Il ne faut pas oublier, d'ailleurs, que la plupart des inspecteurs ne peuvent actuellement visiter, au cours de l'année, qu'une partie des écoles de leur circonscription. L'inspection sérieuse des écoles privées ne pourra donc se renouveler assez souvent pour avoir des effets sérieux.

Et c'est pour toutes ces raisons que le Contrôle proposé, exposerait à de graves mécomptes si l'on ne prenait, contre l'enseignement privé, des mesures plus énergiques et plus efficaces.

L'art. 4 du même projet indique que le personnel des écoles libres devra justifier de trois années au moins de fréquentation des établissements d'enseignement public.

C'est la réorganisation du stage scolaire.

Il ne semble pas non plus que cette mesure doive, dans l'avenir, modifier considérablement la situation réciproque de l'enseignement public et de l'enseignement libre.

Tout d'abord, on peut poser en principe que l'instituteur privé n'est pas nécessairement un « ennemi » personnel de l'instituteur public. C'est un adversaire au point de vue des principes, c'est un concurrent au point de vue des élèves.

Le plus souvent, ils s'ignorent et il n'y a entre eux aucune animosité.

Dans sa lutte contre l'école libre, l'instituteur n'est point guidé par l'intérêt (son traitement est indépendant du nombre de ses élèves), mais seulement par l'idée du devoir, par son dévouement à l'idée laïque, par le souci de sa réputation professionnelle.

Et la question confessionnelle intervient si peu dans cette lutte de chaque jour, que l'on a vu souvent des maîtres pratiquants et fidèles catholiques, se dévouer tout entiers à cette tâche épuisante et obtenir de magnifiques résultats.

Aux mobiles indiqués plus haut, vient s'adjoindre dans la plupart des cas, pour l'instituteur privé, le sentiment de l'intérêt personnel : le plus les enfants qui fréquentent son école sont nombreux, le plus ses émoluments augmentent.

En quoi le fait d'avoir étudié durant 3 ans sous la direction des mêmes professeurs modifiera-t-il la situation réciproque des deux anciens condisciples d'école normale ?

L'instituteur public luttera-t-il moins ardemment pour sa doctrine ? L'instituteur privé sera-t-il moins dévoué à la sienne, et verra-t-il d'un œil plus indifférent ses élèves le quitter pour aller à l'école publique ?

Il est, d'ailleurs, un fait qui est de nature à nous mettre en garde contre un trop grand optimisme : un certain nombre de maîtres privés sont des élèves de l'école publique. Cela est surtout fréquent chez les institutrices.

Poussés par la nécessité et n'obtenant pas dans l'enseignement public le poste qu'ils avaient sollicité, ils ont accepté une place dans l'enseignement privé.

En quoi ces maîtres et ces maîtresses, formés cependant à l'école laïque, sont-ils moins ardents à la lutte que leurs collègues qui ont fait leurs études à l'école privée ?

Non ! la concurrence n'est pas une affaire d'antipathie entre les maîtres : dans l'enseignement, c'est une lutte de principes.

N'oublions pas, d'ailleurs, que les maîtres de l'enseignement libre sont dans la main de l'Eglise ; et si les leçons qu'ils auraient reçues à l'Ecole normale étaient arrivées à modifier leur état d'esprit, ce n'est point ce qui modifierait leur situation vis-à-vis de leurs chefs, ni augmenterait leur indépendance.

D'ailleurs, il arriverait que tous les maîtres de l'enseignement privé passeraient par l'E. N., alors qu'un nombre considérable de maîtres de l'enseignement public ne pourraient y passer.

Et on pourrait s'attendre à voir l'Eglise organiser sous une nouvelle forme la lutte des idées.

A côté de chaque école normale, s'ouvrirait une sorte de pensionnat où les élèves-maîtres, destinés à professer dans les écoles privées, resteraient sous la surveillance de professeurs spéciaux.

C'est de là qu'ils se rendraient chaque jour aux cours des professeurs ; mais c'est aussi là qu'ils rentreraient chaque soir.

Inutile d'insister sur le résultat d'une semblable tactique : l'enseignement de l'E. N. servant à former des maîtres qui aussitôt sortis, utiliseraient les connaissances pédagogiques acquises par eux, à combattre l'école publique, et qui n'auraient rien perdu de leurs préventions. Après avoir dépensé des millions à agrandir les écoles normales et à augmenter le nombre des professeurs, nous pourrions constater que, plus soucieuse de respecter les droits de ses adversaires que de faire valoir les siens, la République a travaillé encore une fois de plus pour l'Eglise.

## Le monopole restreint

Le monopole restreint, précisé par l'amendement Brard, récemment rejeté par la Chambre des députés, a néanmoins conservé dans nos rangs, d'assez nombreux partisans.

Ce n'est point qu'à l'examen on ne lui trouve de nombreux inconvénients, surtout chez les partisans résolus du Monopole qui le considèrent comme une demi-mesure.

Les partisans de la liberté d'enseignement y sont naturellement opposés.

Il est inutile de rappeler ici les raisons que ces derniers font valoir pour justifier leur thèse. Elles ne diffèrent en rien de celles qu'ils opposent à l'établissement du monopole intégral.

Nous n'y reviendrons donc point.

Nous examinerons seulement les objections de ceux qui réclament le monopole.

Le monopole restreint, en supprimant la liberté d'enseignement dans les communes rurales dont la population n'atteint pas un chiffre déterminé, n'est, disent-ils, qu'un acheminement sans franchise vers le monopole intégral.

Il ne fait que limiter le mal sans l'atteindre dans sa source même.

Il établirait en France une inégalité flagrante entre les familles. Les unes, celles qui habiteraient les centres importants où les établissements d'enseignement libre auraient le droit de subsister, auraient la possibilité de faire donner à leurs enfants un enseignement confessionnel conforme à leurs désirs. Les autres, celles qui habitent les campagnes où ne pourraient s'ouvrir que des écoles laïques, seraient privées du même droit.

Or, le droit existe ou n'existe pas. S'il est reconnu, il doit l'être partout ; si on le nie, les établissements d'enseignement privé doivent être supprimés partout également.

Telle est la pensée des partisans du monopole intégral.

Toutefois, un certain nombre d'entre eux accepteraient l'acheminement progressif vers le monopole si, en votant d'abord franchement et nettement le principe du monopole de l'enseignement (ce qui exclurait toute suspicion de duplicité), le Parlement décidait qu'il serait départi au Gouvernement un délai suffisant et fixé par la loi pour arriver à son application complète.

Il ne faut point, disent-ils, parce que l'on ne peut, dans les circonstances actuelles, arriver d'un seul coup à la suppression complète des écoles libres, renoncer à en diminuer graduellement le nombre.

Limiter le mal, c'est d'abord l'empêcher de s'étendre, c'est ensuite resserrer son champ d'action.

Ce serait, d'autre part, une occasion de connaître, à coup sûr, quelles difficultés l'on rencontrerait lors de la mise en application complète du monopole.

Et la méthode qui consisterait à répartir à la fois les dépenses et les difficultés sur un certain nombre d'exercices, ne manque pas d'un certain sens pratique.

De cette façon, s'il devait se produire une agitation quelconque, ce qui est d'ailleurs fort improbable, elle serait forcément peu profonde et de peu de durée.

Les familles s'apercevraient vite que l'Etat n'a pas la moindre intention de leur enlever la possibilité de faire donner en dehors de l'école, telle ou telle instruction religieuse, et que, même, sous le régime du monopole, l'école n'aurait rien d'hostile à la liberté de conscience, ni à la liberté des convictions politiques.

Ce serait tout avantage et de nature à prévenir les agitations possibles, lorsque le moment serait venu d'étendre la mesure aux communes plus importantes.

Quant à l'inégalité entre les familles rurales et les familles urbaines qu'apporterait avec elle la mesure partielle dont il s'agit, elle aurait d'autant moins d'importance que le temps en serait limité, et qu'il n'y aurait pas d'équivoque.

Il y a d'ailleurs des précédents et presque toutes les lois relatives à la laïcité n'ont reçu leur application complète qu'après des délais plus ou moins longs, qui permettaient, d'une part, à l'Etat de se procurer le personnel nécessaire, et qui donnaient, d'autre part au personnel des écoles congréganistes, le temps de se créer une situation.

C'est pourquoi un certain nombre d'Amicales accepteraient en fin de compte, et quoique leur préférence bien marquée soit pour le monopole intégral, la pensée d'une transaction momentanée, et un acheminement progressif vers le but qu'elles rêvent.

## Pour le monopole

Il est universellement admis que le droit de l'enfant à l'instruction est au-dessus de toute discussion.

A ce point de vue, la famille a des devoirs envers lui, plutôt que des droits sur lui.

La société, gardienne des intérêts de tous a la formelle obligation d'assurer à l'enfant le respect des droits naturels qui sont les siens.

A qui incombera la très lourde mais très importante mission de distribuer l'instruction ?

Après avoir édicté les lois nécessaires, et affirmé le droit des futurs citoyens à un minimum de connaissances universellement reconnu comme indispensable dans la vie, l'Etat pourrait-il se désintéresser à la fois de la façon dont l'instruction est répandue et du choix des maîtres appelés à la donner ?

Pourrait-il abandonner aux familles, après avoir décrété l'obligation de l'instruction et pris les mesures nécessaires pour que nul ne puisse se soustraire à ses devoirs envers l'enfant, le droit de déterminer elles-mêmes le sens dans lequel serait orienté l'enseignement ?

Ou bien, après avoir créé l'enseignement public, avoir proclamé sa gratuité, afin que les familles dénuées de ressources puissent, sans frais pour elles-mêmes, faire donner à leurs enfants l'instruction prévue par la loi, l'avoir rendu laïque et neutre pour que, sans distinction de religions, tous les citoyens puissent, en toute liberté d'esprit, laisser leurs enfants s'assoir sur les bancs de l'école, devait-il permettre aux parents, de faire donner, dans des établissements ouverts par leurs soins et à leurs frais un enseignement particulier et différent de son propre enseignement, même sous son contrôle.

Où bien enfin, pour garantir avec plus d'efficacité et dès le plus jeune âge le droit de l'enfant à l'instruction, et dans l'avenir sa liberté d'opinion, doit-il décider que seul, il aura le droit d'ouvrir des écoles et que l'enseignement nationalisé sera donné par lui-même et sous sa propre responsabilité ?

Nul ne s'arrête à la première hypothèse. La liberté absolue, complète de l'enseignement ne se soutient pas. Elle permettrait d'ouvrir des écoles où pourrait se donner, puisqu'aucune surveillance ne serait exercée, ni sur ses programmes, ni sur ses tendances, ni sur sa moralité, un enseignement absolument contraire à la vérité, à la morale et aux lois.

La deuxième hypothèse correspond à ce qui se passe aujourd'hui.

A côté de l'enseignement public organisé par l'Etat, enseignement gratuit, laïque et neutre, la loi du 30 octobre 1886, fille de la loi Falloux, consacre l'existence d'un enseignement libre.

Les familles peuvent donc, refusant pour leurs enfants l'instruction que la nation leur offre gratuitement dans ses écoles avec l'assurance que leurs convictions religieuses ou philosophiques seront toujours respectées, leur faire donner, par des maîtres qu'elles choisissent elles-mêmes, un autre enseignement.

C'est là ce qu'on est convenu d'appeler la liberté d'enseignement.

Le législateur, en la proclamant, a été guidé par le profond respect que tout homme honnête et tolérant garde pour les convictions les plus opposées aux siennes propres.

Ceci nous amène à constater que le parti républicain, et c'est là, à la fois, son honneur et sa faiblesse, se laisse volontiers entraîner par toute idée généreuse.

Le souci qu'il a de ne point porter atteinte aux droits ni à la liberté d'autrui est pour lui une cause d'infériorité dans la bataille, et ses adversaires connaissent à merveille le point vulnérable. C'est toujours au nom des principes républicains qu'ils combattent les lois de la République.

Examinons un peu la liberté d'enseignement et voyons la chose en elle-même, sans nous arrêter au mot.

Beaucoup de républicains convaincus, d'excellents esprits très dévoués aux intérêts de la démocratie, d'hommes éminents profondément attachés à la République se sont laissés circonvenir par la crainte de manquer à leurs principes et, à cause de cela surtout, en sont restés partisans.

L'argument principal des adversaires du monopole est que la liberté d'enseignement est le corollaire obligatoire de la liberté de conscience. « Elle a, disent-ils, son origine dans le droit du père de famille. C'est une conséquence directe de la liberté de penser et de la liberté de la parole ; on peut même considérer que c'est une conséquence naturelle de la liberté de la presse et de la liberté de propagande. Tout citoyen jouissant du droit légal d'exposer sa pensée à d'autres citoyens, de chercher à les convaincre, de propager ses idées par la plume et par la parole, a le droit, non moins naturel, d'enseigner ce qu'il sait, ce qu'il croit, ce qu'il pense. »

L'homme peut transmettre sa pensée de trois manières principales.

Il dispose pour cela de la parole ; aussi la République a-t-elle proclamé la liberté de la tribune et des réunions publiques ; de l'écriture, aussi la République a-t-elle proclamé la liberté de la presse ; de l'enseignement... et j'entends les adversaires du monopole continuer : aussi la République a-t-elle proclamé la liberté de l'enseignement.

En effet. Mais a-t-elle eu tort ou a-t-elle eu raison ? C'est ce que nous allons examiner.

Nul ne s'élève, ni même ne pense à s'élever contre la liberté de la tribune, j'entends, chez les républicains. Aujourd'hui, des réunions contradictoires s'organisent un peu partout, sous la protection des lois, où les conceptions différentes se heurtent et où la discussion fait germer à tout instant de nouvelles idées.

(Remarquons, en passant, que l'Eglise a, elle aussi, sa tribune : la chaire d'où l'orateur, qu'il n'est point permis d'interrompre ni d'interroger, expose sa doctrine, réputée indiscutable).

La République a donné au pays la liberté de la presse, et chacun sait si le parti clérical use et abuse du droit de tout dire et de tout écrire.

Les adversaires de la liberté d'enseignement ne songent nullement à contester l'utilité, la nécessité, la légitimité de ces deux libertés fondamentales, et ils seraient les premiers à se dresser contre tout gouvernement qui porterait atteinte à leur intégrité.

Mais ces libertés s'exercent en public.

L'orateur entend discuter ses assertions, s'il commet des erreurs, elles sont immédiatement signalées ; à ses idées, d'autres orateurs opposent des idées contradictoires et combattent ses déductions et c'est là ce qui corrige et légitime la liberté de la tribune.

Les auditeurs écoutent, réfléchissent, jugent, comparent, et en toute indépendance, acceptent ou repoussent les conclusions qu'on leur a soumises.

L'écrivain, le journaliste qui, dans un article ou dans un ouvrage exposent leur manière de voir, verront dès le lendemain d'autres écrivains ou d'autres journalistes apporter, à l'encontre de leurs affirmations, des arguments favorables à des principes différents, parfois à des principes opposés, et c'est là ce qui corrige et légitime la liberté de la presse.

Le lecteur, en toute liberté, juge ,compare, puis accepte, suivant que ses réflexions personnelles, suivant que sa raison l'amènent à préférer l'une des deux thèses, celle qui lui semble se rapprocher le plus de la vérité.

La publicité et la discusion supprimées, la liberté de la parole et la liberté de la presse n'existent plus, ne peuvent plus exister.

La liberté de l'enseignement a-t-elle ces deux contre-poids nécessaires ?

C'est à huis-clos que l'enfant reçoit l'enseignement dans les écoles libres, où les programmes, les méthodes, ce qui fait le fonds même de l'enseignement, échappe à tout contrôle et à toute surveillance. Il ne choisit pas ce qu'il peut accepter dans ce que le maître lui enseigne et garde une empreinte souvent ineffaçable des leçons qu'il a reçues.

« Tel qu'il fut aux jours de son adolescence, tel l'homme sera au jour de sa vieillesse, et il ne changera pas », dit le livre des Proverbes.

Or, l'adolescent sera ce que le maître l'aura fait durant son enfance.

Et c'est pour cela que l'Eglise fait des tentatives désespérées pour ressaisir l'enseignement, et c'est pour cela que l'Etat doit, sous peine de déchéance, dans l'intérêt même de l'avenir de la liberté, s'opposer à la main-mise du parti clérical sur l'Ecole et ne laisser à personne le soin d'instruire la jeunesse.

Non ! La liberté d'enseignement n'est pas une liberté naturelle. C'est l'éducateur, en général, et, pour le peuple, c'est l'instituteur qui prépare et construit la société future.

Il n'est permis à personne d'enseigner, non pas seulement l'erreur, mais ce qui pourait être l'erreur.

A l'école primaire, on ne peut et on ne doit affirmer, comme vérités, que des choses absolument et scientifiquement démontrées.

Les notions philosophiques, les notions religieuses ne peuvent ni ne doivent trouver place dans les programmes.

De quel droit un maître peut-il indiquer comme vraie une hypothèse quelconque, même celle à laquelle il se rallie lui-même ? C'est son droit de la préférer à d'autres, c'est son droit de chercher à la propager, de la défendre, mais ce ne saurait être son droit de l'imposer à des enfants. Leur inaptitude à la discuter est flagrante et, parce que c'est le maître qui la leur expose, ils sont prêts à l'accepter en toute confiance.

A ce double point de vue, philosophique et religieux, l'enseignement primaire doit observer la plus stricte neutralité.

Or, seul l'Etat, donnant un enseignement neutre aux enfants, peut laisser aux citoyens de l'avenir le libre choix de leurs croyances et de leurs opinions.

L'Eglise ignore et ignorera toujours la neutralité.

Ecoutez les paroles caractéristiques par lesquelles le ministre des sciences et des arts (ministre de l'instruction publique), en Belgique, terminait, l'an passé, son discours au sujet de la question scolaire :

« Aussi, quand on nous dit qu'à l'école doit régner une neutralité respectueuse, nous répondons que nous sommes en possession de vérités capitales et que le silence le plus respectueux nous paraît une trahison. »

En fait, l'Eglise ne défend la liberté et l'autorité du père de famille que pour combattre le monopole de l'Etat, auquel elle n'est si profondément hostile que parce qu'il porte atteinte à celui auquel elle aspire.

Car elle même en fait bon marché. Ecoutez le jésuite Gury :

« D. — Les enfants peuvent-ils embrasser l'état religieux malgré leurs parents ?

« R. — Oui, en principe. Bien plus, l'enfant agira avec plus de sagesse si, se sentant de la vocation pour l'état religieux, et croyant que ses parents s'y opposeront injustement, il leur cache la chose et obéit à la volonté divine. »

Et Mgr Gaume :

« D. — Les père et mère peuvent-ils s'opposer à la vocation de leurs enfants ?

« R. — Les père et mère ne peuvent s'opposer à la vocation de leurs enfants, parce qu'avant de leur appartenir, leurs enfants appartiennent à Dieu. »

Ainsi, l'Eglise nie au père de famille le droit de s'opposer à la vocation religieuse de ses enfants. Par compensation, sans doute, elle proclame, avec véhém'nce, ce même droit s'il a pour but de contraindre l'enfant   suivre ses enseignements et à accepter ses doctrines.

Nul ne peut s'y tromper : quand l'Eg 5e dit liberté d'enseignement, elle entend liberté d'enseignement *à son profit exclusif*, c'est-à-dire monopole.

En prescrivant la neutralité de l'école publique, l'Etat proclame son respect des droits du père de famille et de la liberté de l'enfant. Il laisse aux familles, en dehors des heures du travail scolaire, le droit absolu de faire donner à leurs enfants l'enseignement religieux qu'elles préfèrent et nul ne leur dénie le droit de diriger leur éducation politique.

Que faut-il de plus à l'Eglise ? Presque rien. C'est Mgr de Ségur qui va répondre :

« L'Etat a parfaitement le droit de susciter et de fonder des écoles publiques, des chaires pour toutes sortes de facultés et de branches d'enseignement ; il peut confier l'enseignement à toutes sortes de personnes, aux laïques, comme aux religieux, comme aux ecclésiastiques ; mais toujours, *à condition que l'Eglise seule dépositaire de la foi et des intérêts des âmes, surveille l'enseignement*, empêche l'erreur de s'y glisser sous prétexte de science, de littérature, ou d'histoire.

« *Telle est, dans toute son ampleur, la thèse de la liberté d'enseignement et d'éducation...*

« Nous sommes heureux quand nous jouissons véritablement de cette misérable égalité entre le mensonge et la vérité, entre l'hérésie et la foi, que dans le style moderne on appelle la liberté d'enseignement. *Pour nous, c'est bien de la liberté, quoique ce ne soit pas la pleine et entière liberté ; pour les autres, pour les maîtres rationnalistes, protestants, libres-penseurs, ce n'est que de la licence.* Quand ils demandent la liberté d'enseignement, ce qu'ils veulent, c'est la licence d'enseignement. »

Une telle déclaration se passe de commentaires, et c'est bien ainsi que la question se pose. Sera-ce l'Eglise ou l'Etat qui bénéficiera du monopole ?

Le droit du père de famille ne serait nullement lésé par la suppression de la liberté d'enseignement.

L'enseignement d'Etat n'aurait pas et ne pourrait avoir de dogmes. Il ne porte actuellement déjà, que sur les vérités scientifiquement démontrées, et ne pénétrant pas dans le domaine spéculatif, il ne saurait, en aucune façon, troubler les consciences.

D'ailleurs le droit du père de famille n'est pas absolu.

Au nom de l'intérêt de la société, l'Etat doit protéger l'enfant contre ses parents eux-mêmes.

Il n'est pas non plus intangible. La loi ne fixe-t-elle pas déjà en maintes occurrences, des limites à la puissance paternelle ?

De même qu'elle protège l'enfant contre les excès de travail que pourraient lui imposer ses patrons, elle le protège contre l'incurie ou les brutalités de ses parents ; elle limite jusqu'au droit de tester de ceux-ci.

Comment alors l'Etat qui intervient chaque fois que les intérêts matériels de l'enfant sont menacés, qui a déjà, d'ailleurs, imposé aux pères de famille, l'obligation de lui faire donner l'instruction élémentaire, qui a prescrit que les enfants instruits chez leurs parents et non dans les établissements d'enseignement seraient tenus de subir chaque année un examen spécial, n'aurait-il pas le droit de veiller à ce que cette instruction soit conforme aux intérêts sociaux, et puisqu'il l'offre gratuitement à tous avec toutes les garanties nécessaires de neutralité, d'en faire réellement un service public.

Jetons cependant les yeux autour de nous. Le monopole existe en fait dans 25.000 communes environ. Dans toutes les localités où l'enseignement privé n'a ouvert aucun établissement, les enfants s'assoient côte à côte sur les bancs de l'école publique.

A-t-on remarqué jamais que les consciences des familles aient été troublées, que l'enseignement d'Etat ait fait preuve de sectarisme ou d'intolérance ? A-t-on remarqué que la mentalité de la population soit inférieure à celle des communes où fonctionne une école libre, que le niveau moyen de l'instruction ait baissé ? L'Eglise elle-même pourrait-elle affirmer que, parce que seule, l'école publique était ouverte, elle a vu diminuer, de façon appréciable, le nombre ou la foi de ses fidèles ? Y a-t-il, enfin, quelque point particulier qui indique que la suppression de la liberté d'enseignement pourrait faire naître un danger quelconque et avoir une influence déplorable sur l'avenir du pays ?

On ne remarque, hélas, qu'une chose, mais qui frappe les esprits les moins avertis. Dans ces localités, les citoyens d'aujourd'hui ont appris sur les bancs de l'école commune à se connaître et à s'estimer. Malgré leurs divergences d'opinion, ils vivent en bonne intelligence et restent fidèles à leurs partis respectifs sans cesser d'être fidèles à leurs amitiés d'enfance. On leur a appris, en effet, que toute opinion sincère est respectable, et ils ne se croient point obligés de mépriser et de tenir à l'écart ceux qui pensent autrement qu'eux-mêmes.

Dans les communes, au contraire, où l'existence d'une école libre a permis à l'esprit clérical de se manifester, d'apporter avec lui l'intolérance qui ne permet point aux fanatiques de respecter chez autrui la liberté de la pensée, une lutte sourde sépare à jamais les clientèles des deux écoles. « Je suis venu, a dit le Christ, apporter la guerre et non la paix », et les cléricaux d'aujourd'hui semblent prendre à tâche de mettre en application non pas l'esprit, mais la lettre même de l'Evangile.

Eh bien, nous, partisans du Monopole, nous déclarons nettement que l'école publique qui, seule, respecte toutes les croyances et toutes les opinions a seule le droit d'exister, que la liberté d'enseignement qui permet à une fraction de la jeunesse de France de recevoir un enseignement destructeur de l'idée même de liberté est une fausse liberté, et que le devoir de l'Etat est d'assurer la paix sociale, non pas en supprimant aux opinions les plus opposées et les plus contradictoires la possibilité de se faire jour, mais en apprenant à tous, dès la plus tendre enfance, que chacun de nous doit le plus profond respect aux convictions d'autrui.

Non, nous ne craignons pas la contradiction, ni la discussion, mais ce que nous voulons, c'est que cette contradiction se fasse par des procédés loyaux, à armes égales ; c'est que cette discussion ait lieu au grand jour et d'une façon qui soit digne d'un grand peuple épris de tolérance.

Que les partisans de la liberté d'enseignement le sachent bien, nous n'entendons point contester le droit du père de famille, mais nous demandons que la loi le limite au respect des droits de l'enfant.

Nous serions les premiers à protester s'il s'agissait d'imposer aux enfants une doctrine quelconque, à protester si l'Etat, abusant de ses droits, entendait créer un dogme d'Etat. L'école publique ne peut que se borner à enseigner la vérité démontrée, à former ses élèves à la réflexion et au raisonnement, à leur apprendre à rester dignes de leur liberté, à préparer des citoyens capables de se conduire eux-mêmes et soucieux de toute leur indépendance.

Nous pensons, nous aussi, que l'éducation d'une démocratie ne peut se faire que par la liberté, mais nous demandons si l'Etat a bien le droit, sous prétexte de liberté, de laisser subsister un enseignement tendant à la suppression de la liberté même.

Car nous nous rappelons les paroles du pape Léon XIII, que l'on s'accorde généralement à considérer comme un pape libéral et qui, en 1879, se plaignait amèrement qu'on eût laissé, à Rome même, s'ouvrir des écoles protestantes :

« La situation, disait-il, qui en résulte pour nous, est telle que nous sommes contraint de voir l'erreur libre d'élever sa chaire dans notre ville sans qu'on nous *laisse user des moyens efficaces* pour lui imposer silence. »

L'instituteur public a des chefs qui le surveillent, l'école publique a des programmes que tous connaissent, discutent et dont chacun peut demander la modification, et le personnel est par cela même à l'abri de l'accusation qu'on porte contre lui, de vouloir capter, dans le futur citoyen, les croyances et les opinions.

On a dit aussi que l'un des buts principaux de ceux qui réclament la disparition de l'enseignement libre était de supprimer une concurrence difficile à soutenir.

C'est rabaisser la question. L'école publique ne craint point la concurrence, et les cléricaux le savent bien. Ils le savent si bien même, qu'ils ne comptent nullement sur les résultats qu'obtiennent leurs écoles pour recruter des élèves et qu'ils font autour d'eux la plus abominale pression pour obliger les pères de famille à confier leurs enfants aux établissements d'enseignement privé. Mais nous reviendrons sur ce point particulier.

On a vu, dans l'existence de l'enseignement libre, une sorte de stimulant pour lui-même et pour l'enseignement public. De leur rivalité doit naître une émulation profitable à tous deux et surtout aux enfants.

Combien ce qui se passe vient contredire cette théorie !

Tout d'abord, est-ce bien une concurrence, j'entends une concurrence honnête et loyale que ce racolage des enfants, que ces mesures vexatoires prises par les cléricaux contre les pères de famille qui tentent de s'affranchir de leur joug, que ces calomnies répandues contre l'école et contre ses maîtres et surtout contre ses maîtresses ?

Quand nous parlons, nous, de concurrence, nous entendons celle qui consiste à gagner des élèves par la sympathie que sait inspirer le maître, par les résultats qu'on obtient à l'école, les familles gardant le droit absolu de choisir l'école qui leur paraît la meilleure, et la possibilité, hors de toute contrainte, de suivre leurs préférences.

Mais nous sommes loin de compte et ce n'est point ainsi, chacun le sait, que l'entend le parti clérical. Cet idéal fût-il réalisé, d'ailleurs, que la concurrence entre écoles libres et écoles publiques, n'aurait point pour résultat d'élever dans les deux camps le niveau général des études.

La coexistence de deux écoles, loin d'être une source d'émulation est pour les maîtres des deux établissements une cause de faiblesse.

Chacun des directeurs tient à conserver le plus grand nombre possible d'élèves. Combien de fois doivent-ils l'un et l'autre transiger sur la discipline afin de ne point fournir à un enfant l'occasion de quitter leur école.

Un enfant a vite dit : « J'irai à l'école libre », s'il est chez nous, ou « j'irai à l'école communale », s'il est à l'école libre.

Que devient le travail, que deviennent les progrès, que devient surtout l'autorité dans ces conditions ?

D'ailleurs, l'instituteur n'a pas besoin de stimulant pour remplir son devoir.

Est-ce que nos collègues qui exercent dans les communes où n'existe pas d'école libre, ne sont pas aussi soucieux de leurs devoirs que ceux qui ont en face d'eux une école concurrente ?

Nul n'oserait le prétendre, mais tous seraient d'accord pour reconnaître que ces derniers, précisément à cause de la présence d'un établissement d'enseignement privé, sont dans la nécessité de fournir des efforts plus considérables pour arriver au même résultat, et parfois à des résultats moins satisfaisants.

C'est là un autre inconvénient tout aussi néfaste que l'affaiblissement de l'autorité d'un maître et de la discipline.

Les maîtres s'épuisent, dans des conditions déplorables de travail, pour obtenir des succès qui dépassent les succès de l'école adverse.

« C'est cela, dira-t-on, et qui en profite, sinon les élèves ? »

Pauvres enfants, victimes de la bataille dont ils sont l'enjeu ! Pour que l'école à laquelle les ont confiés leurs parents puisse proclamer bien haut sa supériorité, on les gave, on les surmène.

Plus de repos, plus de récréations, plus de jeudis, plus de veillée en famille, toujours le travail, toujours l'effort, toujours l'étude : l'honneur de l'école l'exige !

Ah ! oui ! pauvres enfants ! votre vue s'affaiblit et vous êtes guettés par la myopie ; vos malheureux petits corps privés d'air et de mouvement n'acquièrent point le développement normal ; vos cerveaux fatigués s'anémient, et tout cela, parce que les nécessités de la fatale concurrence ont amené vos maîtres à oublier qu'au-dessus des succès d'une école, il faut placer l'intérêt bien entendu des élèves !!!

S'il restait au moins quelque chose de tout ce surmenage. Hélas ! neuf fois sur dix, il n'en reste rien. Acquis trop rapidement, à la faveur d'un intense surchauffage, cela s'évanouit en peu de temps et de tous ces efforts perdus, il ne reste que la fatigue corporelle et la fatigue cérébrale.

La concurrence, fatale à la discipline, est nuisible à la régularité et à la marche régulière des études.

J'ajoute qu'elle ne saurait améliorer ni les méthodes, ni les programmes.

L'enseignement public et l'enseignement privé s'ignorent mutuellement.

Comment, dans ces conditions, pourraient-ils comparer leurs méthodes en vue d'une amélioration possible ?

Qui pourrait, d'ailleurs, se vanter de mettre une méthode en formules pédagogiques ? La méthode est chose absolument personnelle. Elle ne réussit qu'autant qu'elle est adéquate au caractère, au tempérament de celui qui l'emploie. Autant de maîtres, autant de méthodes. Il n'en est qu'une, d'ailleurs, qui consiste, pour chacun de nous, à nous créer, suivant la tournure de notre intelligence et de notre esprit, une méthode bien personnelle et à l'adopter ensuite, autant que nous le pouvons, au caractère de chacun de nos élèves. Or, cette méthode-là ne trouvera dans la concurrence aucun point de comparaison qui lui permette de s'améliorer.

Quant aux programmes, ils sont, d'ores et déjà, fixés par l'Etat lui-même. La loi lui réserve le droit exclusif de délivrer des diplômes. A tous les degrés, il arrête les programmes des divers examens. Comment l'existence d'établissements libres d'enseignement pourrait-elle l'amener à modifier ces programmes ?

L'établissement du Monopole, dit-on encore, aurait pour résultat de supprimer un nombre considérable d'établissements libres dont la nécessité est universellement admise, et que l'initiative privée a dû créer, l'Etat ne se préoccupant point de donner satisfaction à des besoins, locaux peut-être, mais urgents.

L'Etat ne se hâte point, en effet, dans la plupart des cas, de prendre les mesures nécessaires pour donner satisfaction à un besoin nouveau. Pourquoi se hâterait-il ? Il sait pertinemment que l'enseignement privé, surtout le véritable enseignement laïque libre, recherche avidement l'occasion d'ouvrir de nouveaux établissements ; que le besoin qui se fait sentir trouvera toujours, pour essayer de le satisfaire, de nombreuses bonnes volontés, et il attend, lui, Etat, que ce besoin s'affirme, évident, pour s'en préoccuper.

Mais s'il avait seul la charge de l'enseignement, il serait par là même obligé de ne point négliger les indications que lui apporteraient à la fois les intérêts scientifiques, industriels et commerciaux, et les aspirations du public.

Il prendrait donc lui-même l'initiative d'organiser les écoles nouvelles devenues nécessaires, et rien ne l'empêcherait de prendre à sa charge les écoles libres déjà existantes et dont l'existence répond à une utilité démontrée.

Et d'ailleurs, l'essentiel est que l'Etat ait seul la possibilité de déléguer le droit d'enseigner. Il restera libre de choisir, dans une fonction qui sera sienne et dont il aura la responsabilité, un personnel dûment qualifié pour s'acquitter de sa tâche et dans lequel il aura pleine confiance.

Mais il est temps qu'il prenne une décision énergique.

Il ne faut point se le dissimuler, l'enseignement libre clérical constitue un réel danger pour l'avenir de la République et de la laïcité.

Deux générations sont élevées l'une en face de l'autre, dans des principes absolument opposés.

L'Ecole publique dit à ses élèves : « Respecte chez tes concitoyens les croyances et les opinions les plus différentes des tiennes. Tout homme est sujet à l'erreur ; il doit donc considérer que ceux qui pensent autrement que lui peuvent être aussi près de la vérité. D'ailleurs, toute opinion sincère est respectable. »

L'école privée dit aux siens : « Je vous enseigne ici la vérité absolue. Ceux qui ne pensent pas comme vous sont dans l'erreur. Vous vous devez à vous-mêmes de lutter contre eux. Leurs opinions sont erronées. Il faut que, par vos efforts, vous assuriez la suprématie à vos convictions. »

Et c'est un avenir de luttes sociales qui se prépare ainsi.

L'établissement du Monopole, comme le croient, ou semblent le croire les partisans de la liberté d'enseignement n'a pas, dans l'esprit de ceux qui le réclament, pour but de supprimer, pour les citoyens futurs, la possibilité de choisir leurs opinions ou leur foi.

Son but est de donner à tous une éducation libérale et tolérante qui, en laissant à chacun le soin de déterminer ce qu'il doit croire, apprenne à tous le respect de la pensée d'autrui.

On joue un peu sur les mots quand on reproche aux adversaires de la liberté d'enseignement de rechercher un moyen de couler tous les esprits dans un moule unique et sous prétexe d'unité morale, de vouloir imposer un dogme nouveau.

On oublie que la République est, avant tout, un régime de liberté, et qu'il ne saurait être question de supprimer une liberté ; mais elle est aussi un régime de tolérance, et c'est parce que l'enseignement privé enseigne l'intolérance que le devoir de l'Etat est de prendre les mesures nécessaires pour préparer un avenir de concorde et de paix sociale, tout en laissant à chacun le droit absolu d'affirmer ses convictions politiques ou religieuses.

Grâce au Monopole, les enfants auront une communauté d'éducation et d'instruction qui supprimera les jeunesses ennemies. Que l'on se rassure : l'Etat ne pourrait, en s'assurant exclusivement le droit d'enseigner, asservir les maîtres, et si les instituteurs pressentaient seulement que le nouvel état de choses pût avoir pour résultat d'aliéner leur indépendance morale, ils seraient les ennemis irréconciliables du Monopole.

L'esprit même du personnel est une sérieuse garantie contre le dogmatisme d'État.

L'école publique ne se préoccuperait donc nullement de combattre telle ou telle idée et demeurerait respectueuse comme elle l'est actuellement, des convictions des familles et de la liberté des esprits.

Ne serait-ce pas une précieuse unité morale que cette universelle tolérance qui permettrait à tous, quelles que soient leurs préférences politiques et religieuses, d'estimer, même en les combattant, ceux qui ont des vues différentes.

Le rêve de l'État laïque ne saurait être un rêve d'oppression ; mais un gouvernement a le devoir étroit d'assurer la continuité de son œuvre.

Or, l'enseignement clérical combat nettement la République.

« Il use de son droit, dit-il ; la République professe que le respect de la liberté est l'article essentiel de son programme, qu'elle en supporte les conséquences. »

On irait loin avec un semblable raisonnement.

Mais on peut être sûr que si les partisans de la liberté d'enseignement revenaient au pouvoir, ils n'auraient pour la supprimer, en même temps que la liberté de la tribune et la liberté de la presse, aucun des scrupules ni aucune des hésitations qui font honneur au gouvernement républicain.

Le pouvoir central, responsable des intérêts de tous doit, non seulement se préoccuper du présent, mais envisager l'avenir.

En fait, deux Monopoles sont dressés l'un contre l'autre. Si l'opinion publique commence à accepter l'idée du Monopole d'État, c'est parce que l'on sent que le but de l'Église est de monopoliser l'enseignement à son profit.

Tous ceux qui suivent de près l'action cléricale ne peuvent se retenir d'un certain effroi lorsqu'ils constatent l'esprit de méthode avec lequel l'Église, sous mille formes différentes, poursuit inlassablement son but.

Va-t-on lui laisser la possibilité de ramener au XXᵉ siècle la mentalité du moyen-âge ? Il n'y a qu'à voir ce qui se passe dans les pays où nulle institution d'État ne vient contrebalancer ses efforts. Au Canada, où l'Angleterre n'a jamais dressé d'écoles officielles en face des écoles confessionnelles, il n'existe aucune école laïque, au sens vrai du mot. Les protestants ont des écoles protestantes, les catholiques ont des écoles catholiques, mais il n'en est aucune qui ne soit soumise directement ou indirectement à la tutelle de l'Église.

Et la conclusion est facile à tirer. Dans un régime de liberté, l'Eglise est suffisamment puissante pour ruiner et détruire toute concurrence, c'est-à-dire pour tuer la liberté même.

Sans le peuple, sans les républicains qui tiennent à l'école laïque, la liberté d'enseignement, en France, ne serait plus qu'un souvenir ou qu'un mot.

Aussi, le parti clérical ne pardonne-t-il pas à la République son indépendance. Il ne saurait accepter l'idée de la tolérance qui, par elle-même est une sorte de scepticisme.

Et c'est pourquoi, aujourd'hui, la lutte est si vive, et le danger imminent ; c'est pourquoi il est urgent que l'on se décide enfin à réagir contre cette action malfaisante de deux enseignements opposés qui prépare au pays des jours de trouble et un douloureux avenir ; c'est pourquoi l'Etat a le devoir de s'inquiéter des doctrines que l'on enseigne dans les écoles, même et surtout dans les écoles primaires. Comment, d'ailleurs, exprimer des craintes au sujet de je ne sais quel dogmatisme possible dans les écoles monopolisées ? Qui donc commande en France, sinon la nation même ? Et comment, dans un pays libre pourrait-on craindre de voir l'enseignement d'Etat imposer une doctrine quelconque ?

Avec le Monopole, l'enseignement laïque resterait ce qu'il est aujourd'hui. L'éducation, et surtout l'éducation nationale ne saurait être une éducation de parti.

L'école est neutre et resterait neutre. Nos adversaires le savent parfaitement, et s'ils se constituent les défenseurs de la liberté des pères de famille, qui n'est point en péril et de la foi qui n'est point attaquée, c'est qu'ils savent aussi combien chacun de nous est sensible au moindre froissement qui porte atteinte à tout ce que nous considérons comme au-dessus de toute discussion.

Avec le Monopole, qui ne serait point du tout l'œuvre d'un parti, l'enfant restera libre, comme aujourd'hui, plus qu'aujourd'hui, d'avoir bien à lui, et en toute liberté, une conviction qui sera peut-être fausse, c'est entendu ; mais il aura été pénétré de cette grande idée de tolérance qui ne lui permettra point de considérer comme coupables ceux qui ont d'autres croyances que la sienne.

N'est-ce pas, d'ailleurs, une étape déjà parcourue dans le sens de l'établissement du Monopole que le vote de la loi de 1904, supprimant les congrégations d'enseignement ?

Que s'est-il passé lors de la promulgation de cette dernière loi ?

Déposant, par ordre, l'habit que leur imposait leur congrégation, et reprenant leur nom patronymique qu'ils avaient changé pour « un nom en religion », les congréganistes ont repris leurs fonctions dans une autre école où leur enseignement est demeuré ce qu'il était autrefois. De sorte que les congrégations d'enseignement sont restées, sous une autre forme, ce qu'elles étaient auparavant. Il y eut peut-être un moment d'étonnement et de désarroi chez elles aux premiers jours de l'application de la loi de 1904, mais elles ne furent point longues à se ressaisir et à trouver les moyens les plus propres à infirmer la volonté du législateur.

Seul, le Monopole peut résoudre la question d'enseignement, parce qu'il mettra toutes les écoles sous la surveillance et sous la responsabilité de l'Etat. Ce dernier, ayant seul le droit d'enseigner pourra le déléguer, ainsi que nous l'avons déjà fait remarquer, à tous ceux qu'il en jugera dignes ; mais il gardera, au moins, un droit effectif et absolu de contrôle sur le fonctionnement de toutes les écoles.

Il n'y a point à craindre que la suppression de la liberté d'enseignement étende, outre mesure, l'influence politique de l'Etat.

L'éducation civique de la nation a fait déjà, et grâce à l'enseignement des écoles laïques, un pas considérable.

On a tant répété aux enfants qu'un citoyen n'accepte point d'idées toutes faites, qu'il ne doit avoir de guides que sa propre conscience et sa propre raison que les hommes d'aujourd'hui, (et les élections qui viennent d'avoir lieu en ont donné de multiples exemples), font preuve d'une réelle indépendance de caractère et votent selon leurs vues personnelles sans prêter la moindre attention aux appels des comités ou des hommes politiques influents.

L'école monopolisée comme l'école actuelle mettra son orgueil à former des caractères, à préparer des citoyens vraiment indépendants, et c'est là ce que l'Eglise lui reproche comme c'est ce qu'elle ne pardonne pas à l'école républicaine.

On oppose à l'utilité du Monopole, le fait que certains esprits se sont eux-mêmes libérés de l'éducation qu'ils avaient reçue et qu'ayant eu pour maîtres des prêtres ou des religieux, ils ne s'en étaient pas moins affranchis : « A quoi bon, dit-on, rêver d'une école unique ? Robespierre, Voltaire, et Renan ont fait, à des époques différentes, leurs études dans des établissements ecclésiastiques, et n'en ont pas moins été des esprits profondément libres. »

Sans doute, mais pour un qui retrouve son indépendance combien y en a-t-il qui restent à jamais sous l'emprise des idées reçues. L'argument n'a pas la valeur que semblent lui accorder les ennemis du Monopole, car pourquoi demanderaient-ils si énergiquement le maintien de la liberté d'enseignement ?

Oh ! l'on peut prévoir que l'Eglise prendra figure de persécutée. C'est là un de ses moyens favoris pour s'attirer, ou plutôt pour essayer de s'attirer des sympathies.

Mais la sympathie qui va à l'Eglise est faite surtout de foi, et la foi naïve, sincère et profonde s'en va. La grosse majorité de ceux qui, aujourd'hui, restent avec elle dans la lutte qu'elle livre au progrès social, ne lui apportent l'appui de leurs bonnes volontés et celui de leur coffre-fort que parce qu'ils espèrent trouver en elle la forteresse qui leur permettra de se défendre encore quelque temps contre les assauts continuels des revendications prolétariennes.

Or, ces alliés de l'Eglise ne tarderont pas à s'apercevoir qu'ils jouent un peu le rôle d'Orgon. Le jour où Tartuffe, grâce à leur assistance, aurait eu raison des aspirations de la démocratie, ils se verraient eux-mêmes asservis et dominés.

Mais nous n'avons heureusement point à craindre un retour à l'ancien état de choses, et l'on peut croire, avec la quasi-certitude d'être dans la vérité, que si l'Eglise est encore un danger pour le pouvoir civil, ce danger n'est point mortel si l'Etat veut réagir contre l'action cléricale.

Or, le Monopole est un des meilleurs moyens qu'il ait à sa disposition.

En supprimant l'enseignement privé qui est, en fait, dans la main de l'Eglise, on enlève à cette dernière la possibilité d'apposer son empreinte exclusive sur un grand nombre de cerveaux.

Il ne faut point croire que les populations se soulèveraient d'enthousiasme pour défendre la cause de l'enseignement privé.

Rappelons-nous ce qui s'est passé en 1882 et 1883, lors de la mise à exécution de la loi du 28 mars. Combien de temps l'Eglise réussit-elle à maintenir les protestataires en haleine ? Un an ? Deux ans ? Tout au plus.

Et puis, pensons à ce nombre considérable de familles qui, non seulement ne protesteraient point contre la supression de l'enseignement privé, mais qui, au contraire, salueraient l'avènement du Monopole, comme une réelle libération.

Ceux-là, seraient avec l'Etat ; ceux qui n'envoient leurs enfants à l'école libre qu'en raison de leur intérêt commercial, n'élèveraient aucune protestation ; les parents qui redoutent, dans l'école primaire, la fréquentation des fils d'ouvriers, auraient les classes élémentaires des lycées et collèges à leur disposition et se désintéresseraient de la question; seuls, quelques esprits fanatiques essaieraient d'une timide révolte qu'ils ne continueraient point, d'ailleurs, en reconnaissant bientôt que l'école publique n'est point l'antre d'oppression qu'on leur dépeint sous de si lugubres couleurs.

Une seule objection semble s'opposer à l'établissement du Monopole. C'est celle qui fait état à la fois et du personnel à trouver, et de l'effort budgétaire.

Comment réunirait-on les 20.000 maîtres ou maîtresses nécessaires ?

La question ne laisse pas d'être difficile à résoudre.

Plusieurs solutions cependant se présentent à l'esprit.

On fait remarquer que l'Etat a grand'peine déjà, à assurer un recrutement suffisant et que les jeunes gens préfèrent à la carrière si difficile et si peu rémunératrice de l'enseignement, d'autres carrières dont la préparation est moins onéreuse et moins longue, dans lesquelles on est moins sujet à des tracasseries souvent injustifiées, dans lesquelles enfin, on n'a point à compter avec les brusques revirements d'opinion.

Il n'est guère à ce point de vue qu'une solution susceptible de donner satisfaction : c'est de faire, de la situation d'instituteur, une situation enviable qui détermine les jeunes gens à diriger leurs efforts vers la préparation à l'école normale.

Certes, ce serait un surcroît de dépense, mais qui veut la fin, veut les moyens.

D'ailleurs, on pourrait réaliser l'établissement du Monopole par étapes successives, et donner ainsi à l'Etat la possibilité de faire face, petit à petit, aux difficultés de l'organisation.

L'Eglise, dit-on, pour mettre l'Etat dans l'embarras, n'hésiterait pas à fermer toutes ses écoles, et laisserait brusquement à l'Etat le soin d'assurer l'instruction à tous les enfants qui, actuellement, fréquentent ses établissements.

L'évêque d'Orléans, en effet, a sinon proposé cette tactique, du moins posé la question, mais combien de ses collègues l'ont-ils suivi ?

Cette solution serait pour l'Eglise une faute qu'elle ne peut guère commettre. Comment, depuis de longues années, elle use et abuse de son autorité, de son influence, de tous les moyens dont elle dispose pour obliger certains pères de famille timorés ou dans une situation telle qu'ils doivent se courber sous ses exigences, s'ils veulent vivre et élever leur famille, à confier leurs enfants aux établissements d'enseignement privé, et brusquement, elle dirait à ces mêmes pères de famille : « Allez ! envoyez vos enfants à la laïque. Je ne me préoccupe plus de leur assurer l'instruction. » Mais ce serait donner au pays tout entier, l'impression d'une reculade, et l'Eglise aurait à craindre, dans son propre parti, les défections qui, presque toujours, suivent les défaites.

Ce serait abandonner les bénéfices moraux qu'elle retire actuellement de l'existence de ses écoles libres, et ce n'est point le moment pour elle de faire d'aussi pénibles sacrifices.

Et prendrait-elle enfin la décision dont il s'agit, que si l'Etat se trouvait momentanément embarrassé, il ne tarderait pas à trouver des bonnes volontés qui lui apporteraient bientôt l'aide nécessaire pour triompher des difficultés de l'heure présente.

Les maîtres privés ne demanderaient pas mieux, pour la plupart, que d'entrer dans l'enseignement public.

On craint que leur intrusion dans nos rangs n'apporte, dans le personnel, un fâcheux esprit, et qu'ils n'influent défavorablement sur la mentalité générale du personnel et de l'école.

Je crois que l'on peut se rassurer à ce sujet.

Tout d'abord, un grand nombre d'entre eux ne sont entrés dans l'enseignement privé que par nécessité. Pris dans l'engrenage, ils suivent docilement le mouvement.

Leur situation matérielle est de beaucoup inférieure à la nôtre ; souvent, leurs traitements sont de véritables « traitements de famine ». Ils n'ont aucune garantie et dépendent absolument de leurs supérieurs. Ils peuvent être remerciés du jour au lendemain, ils peuvent voir diminuer leurs émoluments, leurs heures de service peuvent être augmentées sans qu'ils puissent élever la moindre réclamation. Ils trouveraient, dans l'enseignement public, une vie plus large, une indépendance plus grande, une sécurité plus complète, une situation plus assurée.

La plupart ne regretterait rien du passé.

D'autre part, on ne peut guère supposer que les maîtres actuels de l'enseignement laïque se laisseraient circonvenir par leurs nouveaux collègues.

Dans quel but, d'ailleurs ceux-ci, chercheraient-ils à détourner les instituteurs publics de leurs devoirs envers l'école et l'école de son affection pour la République.

Le Monopole serait organisé, et on ne voit pas bien où tendraient leurs efforts.

Et puis, de grâce, que l'on ne suppose point, parmi nous, un si grand nombre de camarades dont les convictions soient si peu fermes qu'il suffise de l'influence d'un collègue venu de l'enseignement privé pour leur faire oublier ce qu'ils doivent à la République et à l'école laïque.

Il est à croire, au contraire, que la plupart de ceux qui, de l'enseignement privé, passeraient dans l'enseignement public éprouveraient l'impression d'un immense soulagement, et ne songeraient nullement à tenir rigueur à l'Etat ou à la République de ce que le plus grand nombre d'entre eux regarderait comme une libération.

Quelques-uns, sans doute, entreraient dans nos rangs et conserveraient toutes leurs préférences et toutes leurs convictions actuelles.

Ce serait le plus petit nombre, car bien peu regretteraient la situation précaire qui leur était faite ; mais enfin, ils n'auraient qu'à faire, comme nous le faisons nous-mêmes, abstraction de leurs idées personnelles durant les heures de service et qu'à s'astreindre, comme nous, à respecter, dans la personne de leurs élèves, la conscience des familles.

Ce serait aux chefs à s'assurer si leurs nouveaux subordonnés, se conformeraient à l'esprit général de l'école laïque.

En somme, la question relative au personnel, n'est pas insoluble.

La question budgétaire l'est-elle davantage ?

Chacun connaît les chiffres donnés dans sa réponse à M. Compère-Morel, par le Ministre de l'Instruction publique :

Nombre d'écoles libres ..........     14.464
Nombre de classes .............     35.215
Nombre d'élèves .............. 1.148.704

Nul n'en conteste l'exactitude, mais ce que l'on peut contester à coup sûr, ce sont les déductions qu'en tire le ministère : 1.148.704 élèves à instruire, cela fait, à raison de 40 élèves par classe, 28.700 classes à construire, 28.700 maîtres à trouver.

D'où, à raison de 16.000 francs par classe à construire, une dépense de 400 à 450 millions, et une dépense supplémentaire annuelle de 53.400.000 francs, pour assurer le traitement des maîtres nécessaires.

On ne saurait admettre l'exactitude d'un tel raisonnement.

Les renseignements précis que j'ai reçus, indiquent que dans l'immense majorité des départements, l'établissement du Monopole, ne nécessiterait, dans les communes rurales, aucune dépense supplémentaire.

Dans les villes seulement et dans les centres importants, où les écoles publiques sont déjà surchargées d'élèves, il y aurait nécessité de construire ou d'aménager des écoles et de créer des postes nouveaux.

Il y aurait, évidemment, quelques exceptions à cette règle générale, mais elles n'auraient point, par leur importance, la valeur d'une sérieuse objection.

Tous, ou presque tous les enfants qui, dans les campagnes, fréquentent l'école privée, trouveraient donc à l'école publique la place nécessaire.

Il ne faut point oublier que l'école communale a toujours été construite en vue d'abriter la totalité de la population scolaire, et que, si une école privée a pu recruter, grâce aux convictions de quelques-uns, mais grâce surtout à la terrible pression exercée sur d'autres, un nombre appréciable d'élèves, elle n'a pu les prendre que parmi ceux dont la place était préparée à l'école publique.

Souvent, même, il n'y aurait pas besoin d'amener des maîtres nouveaux ; ceux qui sont déjà installés pourraient, dans la majorité des cas, assurer le service.

Il serait intéressant de pouvoir faire un départ exact entre le nombre de communes où l'établissement du Monopole ne causerait aucune élévation de dépense, et le nombre de celles où des constructions d'immeubles et des créations de postes s'imposeraient.

Dans les villes, dans les centres manufacturiers, où les classes publiques regorgent déjà d'élèves, on ne pourrait espérer loger, du jour au lendemain, toute la clientèle des écoles privées.

Mais ces villes ont généralement des ressouces supérieures, heureusement, à celles dont peuvent jouir les communes rurales.

Et si nous nous plaçons au point de vue de l'intérêt général, l'effort, quelque lourd qu'il soit à supporter, aurait de tels effets utiles que l'on se demande si l'hésitation est permise.

La réforme financière envisagée depuis quelque temps, et si âprement combattue par les classes possédantes, pourrait donner les fonds nécessaires.

Le chiffre de la dépense globale serait loin d'atteindre celui qui résulte des prévisions ministérielles.

Dans quelques départements — la Loire-Inférieure — le Morbihan, par exemple, il y aurait beaucoup à faire, dans d'autres au contraire, l'Ain, le Lot-et-Garonne, les frais seraient, non pas insignifiants certes, mais considérablement réduits, et l'on ne pourrait être taxé d'optimisme, si on les fixait, au maximum à cent millions environ.

La France a, dernièrement, fait un effort considérable pour assurer sa situation matérielle. Nous ne jugeons point ici l'opportunité de la mesure prise, mais nous constatons le fait.

Refusera-t-elle de faire un effort parallèle pour s'assurer un avenir moral, fait de paix sociale et de concorde générale.

La République pourrait chèrement payer son indifférence si elle persistait à laisser une partie de la jeunesse s'imprégner de sentiments hostiles à la tolérance et à la liberté.

Petit à petit, l'idée du Monopole de l'enseignement gagne du terrain. Le peuple sent, lui-même, que c'est la solution unique qui puisse donner satisfaction aux aspirations de la démocratie.

Les contribuables qui subissent, sans trop protester, l'accroissement des charges, nécessitées par l'effort militaire accepteraient, sans nul doute, l'accroissement qui résulterait de l'organisation de l'enseignement dont tous seraient appelés à bénéficier dans la personne de leurs enfants.

On redoute la situation que ferait, à l'instituteur, la présence, dans sa classe, d'enfants dont les familles resteraient, malgré tout, fidèles à l'idée de la liberté d'enseignement.

On suppose que, stylés par leurs parents ou par d'autres personnes manifestement intéressées à jeter le trouble dans l'école, ils se feraient, consciemment ou inconsciemment les espions de leur maître.

« L'école, dit-on, sera en butte à des assauts continuels, à des attaques répétées ; l'instituteur, tracassé par de multiples réclamations, par des dénonciations mêmes, n'aura plus la tranquillité d'esprit, ni la sérénité nécessaires à s'acquitter de sa tâche quotidienne. »

Il serait puéril de nier que la période qui suivra immédiatement l'établissement du Monopole, sera dure à traverser.

Mais les instituteurs ont déjà donné à plusieurs reprises, notamment en 1883 et en 1905, la preuve de leur dévouement à l'idée laïque.

Lorsque l'on mit en application les prescriptions de la loi de 1882, lorsque l'on fit appliquer celle de 1904 sur les congrégations enseignantes, la réaction chercha, pour atteindre la République, à ruiner l'école laïque, et l'Église tenta de soulever l'opinion contre les lois républicaines.

A quoi aboutirent leurs efforts combinés ? Les instituteurs, violemment pris à partie, opposèrent aux attaques de leurs ennemis, le calme de ceux qui, certains d'accomplir leur devoir, savent qu'ils n'ont rien à redouter et s'appliquèrent, en observant rigoureusement les règlements, à ne point donner prise à la critique de leurs contempteurs.

Tous opposèrent à la violence de la campagne menée contre eux, la dignité de leur vie, le dévouement à leur tâche et, petit à petit, ils finirent par imposer à tous le respect de l'école publique et de son personnel.

Et cependant les instituteurs, complètement isolés ou à peine nés de la vie corporative, n'avaient pas alors derrière eux, pour les aider et les soutenir, les associations professionnelles qui, actuellement, ne les laisseraient point livrés sans défense aux coups de la réaction et leur apporteraient, au besoin, leur appui moral et financier.

Aujourd'hui, comme alors, le personnel saurait faire son devoir, et si, par impossible, l'administration abandonnait un de ses maîtres aux attaques haineuses des ennemis de l'école, celui-ci trouverait toujours auprès de lui, pour l'aider dans la lutte, tous les instituteurs de France que soulèverait le sentiment de forte solidarité qui les unit.

C'est une erreur de penser que quelques républicains, ceux qui sont opposés au Monopole, pourraient faire un jour cause commune avec la réaction et l'Eglise.

S'ils sont les partisans convaincus de la liberté d'enseignement, c'est qu'en leur conscience, ils jugent ce régime supérieur au régime du Monopole ; mais que l'on se persuade bien qu'ils ne sont encore, en cela, guidés que par l'amour de leur pays et l'intérêt de la République.

C'est leur faire gratuitement injure que de les supposer capables de se faire les complices du cléricalisme, simplement parce que leurs idées n'auraient point prévalu.

De vrais républicains ne s'insurgent point contre une loi républicaine, et l'on peut être certain qu'ils ne trahiraient ni leur parti, ni leur foi laïque.

Il est à craindre, d'autre part, dit-on encore, que l'Eglise emploie à encercler l'école publique, les ressources formidables qu'elle consacre actuellement à l'entretien des écoles privées, et au traitement de ses instituteurs.

Elle pourra fonder et alimenter un nombre considérable d'œuvres post ou péri-scolaires, dans lesquelles elle ferait une active propagande contre la République et dans son intérêt particulier.

Cela n'est pas pour nous effrayer. La pensée de ceux qui rêvent l'établissement du Monopole, n'est point d'étrangler la liberté de l'Eglise, elle n'est point de lui enlever le droit de faire des prosélytes, elle n'est point davantage, enfin, d'empêcher, dans le présent, les familles d'élever leurs enfants selon leurs vues personnelles et dans l'avenir, les enfants d'avoir telle opinion qui leur semblera plus près de la vérité ; non, elle est simplement d'apprendre à tous les fils de France que la tolérance est à la fois un devoir et une vertu que toutes les opinions sincères sont respectables, et qu'on doit, avant de se décider à croire ou à accepter comme juste quoi que ce soit, entendre tous les arguments pour et contre, et prendre soi-même la peine de penser et de réfléchir, de juger et de comparer.

Les efforts que fera l'Eglise pour soutenir son influence sont, en quelque sorte, légitimes ; mais si nous amenions tous les citoyens à aiguiser leur sens critique et à en faire usage avant de se donner telle ou telle opinion, ou d'accepter telle ou telle croyance, nous aurions assez fait pour garantir tout retour en arrière.

Nous examinerons brièvement, dans un chapitre spécial, comment nous concevons le rôle de l'Etat dans l'organisation de l'œuvre post-scolaire, car en laissant à l'Eglise sa liberté d'action, nous n'entendons point lui reconnaître une sorte de privilège exclusif, et l'Etat lui-même n'y peut rester indifférent.

Une chose évidente, c'est que si le parti clérical revenait au pouvoir, il n'hésiterait pas à s'attribuer, exclusivement, le droit d'enseigner.

C'est même un des arguments que l'on oppose aux partisans du Monopole. « Si un ministère réactionnaire reprenait les rênes du gouvernement, quel outil formidable le Monopole ne deviendrait-il pas entre ses mains ; et si la République, à la faveur d'une de ces surprises impossibles à prévoir, venait à succomber, quelle arme les républicains n'auraient-ils point forgée au profit de la monarchie. »

Si un ministère, tant réactionnaire soit-il, détenait un instant le pouvoir, la République ne serait nullement en péril. Il ne pourrait compter, parmi ses membres, que des républicains, très peu avancés, peut-être, mais républicains quand même.

Car si les partis monarchiques étaient assez puissants au Parlement pour maintenir au gouvernement des ministres notoirement connus comme monarchistes, c'est que ce serait déjà un peu la monarchie.

Or, le pays ne semble pas, du moins jusqu'à aujourd'hui, montrer la moindre disposition, à envoyer, à la Chambre, une majorité réactionnaire.

Une loi, surtout une loi de l'importance de celle qui établirait le monopole ne s'abroge pas en quelques heures ; un service tel que celui de l'enseignement ne se transforme pas du jour au lendemain, et avant même que l'influence du ministère ait pu se faire sentir, il aurait cédé la place à un autre.

On ne modifie pas, d'un trait de plume l'esprit d'un personnel de plus de cent mille maîtres ; quant à pourvoir d'un coup à leur remplacement, c'est chose impossible.

D'ailleurs, comment un ministère de la République, dans une Chambre républicaine, essaierait-il, si modéré fût-il, de s'opposer à l'application d'une loi ?

Tout ce qu'il pourrait faire, légalement, serait de se désintéresser de ses prescriptions et de laisser aller les choses à leur gré.

Mais les ministères durent peu, et le Monopole, une fois établi, précisément à cause de cela, n'aurait rien à craindre du passage au gouvernement d'un ministère même réactionnaire, même à tendances monarchiques.

Tout gouvernement est obligé de tenir compte des mouvements de l'opinion publique.

Avec l'intention bien arrêtée de..... saboter l'œuvre de la République, les hommes au pouvoir seraient tenus à des ménagements, à des précautions, à des atermoiements qui laisseraient à l'esprit du pays le temps de se ressaisir ; car il faut bien admettre, les faits le démontrent assez, qu'un recul est impossible en France.

Examinons cependant l'hypothèse invraisemblable du retour à la monarchie.

Dans ce cas, le Monopole risquerait sans doute d'être détourné au profit du parti clérical ou tout au moins de l'idée monarchique. Mais nous n'aurions pas même nous, les républicains, à regretter de l'avoir institué parce qu'une monarchie, si la liberté d'enseignement la gênait n'éprouverait pas à la supprimer le moindre des scrupules qui font honneur à la République.

En fait, l'établissement du Monopole est l'unique solution qui puisse, dans un temps rapproché, mettre fin à la lutte actuelle dont l'enjeu est bien moins la liberté d'enseignement que l'existence même de la République.

## L'œuvre post-scolaire nécessaire

L'établissement du Monopole ou l'organisation du contrôle effectif et sérieux de l'enseignement privé ne pourraient avoir de résultats vraiment utiles et définitifs que si l'enseignement post-scolaire était pratiquement et sérieusement organisé.

Bien que l'étude de cette question soit quelque peu en dehors du sujet de ce rapport, elle y touche par tant de points qu'il serait difficile de la passer sous silence.

D'ailleurs, l'un des arguments jetés dans la discussion par les adversaires du Monopole est celui-ci : « Avec les fonds dont elle disposerait grâce à la suppression de l'enseignement privé, l'Eglise organiserait toute une série d'œuvres post-scolaires dans lesquelles elle s'efforcerait de combattre l'enseignement laïque. »

Sans doute; et le rapport établi en faveur du Monopole a répondu à l'objection.

Il ne m'a pas paru, toutefois, que c'était alors le moment de m'étendre sur l'enseignement post-scolaire et sur son organisation.

Il m'a semblé plus logique d'y consacrer un paragraphe spécial et d'en faire une étude particulière, mais très succincte.

L'importance de la question ne saurait échapper à personne.

S'assurer que, durant sa scolarité, soit sous le régime du Monopole, soit sous le régime de la liberté contrôlée, l'enfant ne reçoit qu'un enseignement profondément empreint de tolérance et de civisme, est notoirement insuffisant.

Les devoirs ni les droits de l'Etat ne sont point périmés du fait que l'enfant atteint les limites de la première éducation et entre dans l'adolescence.

C'est vers ce moment, en effet, que commence à s'affirmer la personnalité humaine.

Or, c'est à ce moment qu'actuellement l'enfant (j'entends l'enfant du peuple, celui dont la famille, absorbée par les soucis journaliers et l'urgente nécessité de faire face aux nécessités de l'existence ne peut. que difficilement exercer une surveillance réelle sur ses premiers pas dans la vie) est livré sans appui et sans défense aux mille dangers matériels et moraux de la rue, de l'atelier, de l'alcoolisme.

L'Etat, quelle que soit sa décision au sujet du régime futur de l'enseignement et même dans le cas où le statu-quo serait maintenu, ne peut laisser aux partis de réaction et notamment à l'Eglise le quasi-monopole de l'éducation post-scolaire.

Il se doit à lui-même, il doit au pays et à son avenir, de soutenir et d'encourager les quelques heureuses tentatives déjà faites par l'initiative privée, et de prendre la tête du mouvement qui se dessine aujourd'hui.

Actuellement, la loi se désintéresse du perfectionnement moral et intellectuel de la jeunesse. Elle ignore les adolescents.

Cependant l'Eglise, fidèle à sa tactique et à ses intérêts, a multiplié les œuvres de toute espèce où jeunes garçons et jeunes filles, attirés par les plaisirs les plus variés s'imprègnent peu à peu de ses doctrines et de son esprit.

Il n'entre point dans le cadre de ce rapport, d'étudier les mesures à prendre pour préparer l'organisation de l'enseignement post-scolaire ; mais il semble opportun, à propos de cette brûlante question du Monopole et de la liberté d'enseignement, d'indiquer que l'œuvre scolaire demeurerait insuffisante et sans grand effet si elle n'est continuée et complétée par un enseignement pratique et destiné à développer et à fortifier les connaissances acquises sur les bancs de l'école primaire.

Il semble même absolument logique que cet enseignement soit obligatoire.

Comment ! la nation après avoir consenti les sacrifices énormes que l'on sait pour répandre l'instruction primaire laisserait, sans rien faire pour l'empêcher, se perdre irrémédiablement la plus grande partie de ce que les futurs citoyens ont acquis à l'école !

Comment ! devant l'effort généralisé du parti clérical qui cherche à attirer à soi toute la jeunesse du pays, la République persisterait à rester indifférente !

Non ! il faut que par les soins de l'Etat les adolescents trouvent à l'école prolongée qu'ils seront tenus de fréquenter : 1° le moyen de développer et de compléter leur instruction générale ; 2° la possibilité d'acquérir les connaissances professionnelles et techniques qui font le bon ouvrier ; 3° enfin la direction morale et les leçons de civisme qui, de l'enfant qu'ils sont encore au moment où ils quittent l'école primaire, feront un citoyen instruit, indépendant et honnête, un ouvrier consciencieux et capable, un esprit large et tolérant.

Le danger auquel veulent parer les républicains en supprimant ou en réglementant l'enseignement privé ne serait nullement écarté si, à l'abri de la loi de 1901 et sans que l'Etat fît rien pour entraver l'Eglise pouvait, en quelque sorte, accaparer la jeunesse.

Aussi est-ce un devoir urgent pour le gouvernement d'envisager sans retard les voies et moyens propres à préparer l'organisation de l'enseignement post-scolaire.

A treize ans, l'éducation de l'enfant n'est pas terminée.

Au magasin, à l'atelier ou à la ferme, l'enfant enlevé à la bienfaisante influence de l'école, risque de se laisser entraîner par les exemples pernicieux et les mauvais conseils.

Il est plus que jamais nécessaire qu'on lui rappelle avec sollicitude où est le devoir, où est la vérité.

Bien des questions, interdites à l'institutrice et à l'instituteur par l'âge de leurs élèves, n'ont pu encore être abordées avec eux ; et ce sont cependant pour le bonheur futur des jeunes gens, pour l'avenir de la race, par la grandeur du pays, des questions de première importance.

Les questions professionnelles, qu'elles se rapportent à l'agriculture, à l'industrie ou au commerce, ne sont pas moins dignes de retenir l'attention.

Le cultivateur français s'attarde encore trop souvent aux procédés d'autrefois et l'on s'accorde à proclamer la nécessité d'une réglementation et d'une profonde réforme de l'apprentissage.

Eh bien ! l'organisation des cours d'adolescents aurait cet immense avantage de permettre un enseignement plus directement adapté aux nécessités professionnelles : agricole à la campagne, industriel ou commercial dans les villes et dans les centres ouvriers ; mixte le plus souvent, mais toujours conçu dans le sens général des besoins de la localité.

Il va sans dire que tout ce qui précède s'applique aussi bien aux jeunes filles qu'aux jeunes gens.

Pendant que suivant les régions, les apprentis suivront des cours pratiques d'agriculture, de viticulture, de sciences naturelles ou de droit rural ; de dessin, de technologie, de mécanique élémentaire ou qu'ils étudieront les divers procédés de travail, la comptabilité ou une langue vivante, les jeunes filles se prépareront à leur rôle de ménagères et de mères de famille dans les cours de coupe, de couture et de repassage, d'enseignement ménager, d'économie domestique ou de cuisine.

Indiquons en passant que l'enseignement post-scolaire serait un puissant agent de décentralisation et viendrait donner à ce point de vue satisfaction à ceux qui craignent que le Monopole ne soit trop dans la main de l'Etat.

Il nous semble évident qu'il ne pourrait être pratiquement organisé que par des commissions locales dont la loi réglerait la composition et qui pourraient comprendre des conseillers municipaux, des délégués des syndicats ouvriers et patronaux et des chambres de commerce, des membres de l'enseignement.

Ce sont ces commissions qui arrêteraient les conditions particulières dans lesquelles fonctionneraient les cours d'adolescents, les heures auxquelles ils devraient avoir lieu, et qui choisiraient dans un programme général dressé par les soins de l'administration centrale, les parties qui constitueraient le programme particulier de la post-école locale

Ce qui importe, c'est que l'on fasse quelque chose.

Depuis longtemps la Suède et la Norvège ont créé et organisé l'enseignement post-scolaire.

Il fonctionne également en Suisse, en Hollande et en Allemagne.

Et dans tous ces pays la fréquentation des cours d'adolescents est obligatoire.

Déjà, en France, quelques particuliers, quelques associations, des villes mêmes sont entrés dans cette voie.

Il s'agit de généraliser l'effort et c'est un devoir auquel l'Etat ne peut faillir sans engager gravement l'avenir du pays.

Je n'ai fait qu'effleurer quelques points, les plus importants, relatifs à l'établissement de l'enseignement post-scolaire.

J'ai voulu seulement démontrer rapidement la connexité de la question avec la question scolaire elle-même, et que la France s'est laissée dépasser à ce point de vue par plusieurs autres pays.

En fait, si le régime actuel de l'enseignement subsiste, la création des cours d'adolescents s'impose ; si l'on organise le contrôle de l'enseignement privé, il reste absolument nécessaire, mais, si le Monopole s'établit, il devient indispensable.

On ne peut laisser à l'Eglise qui s'en emparerait sans hésitation et consentirait, dans le but d'avoir à elle seule la charge de l'éducation des adolescents, les plus grands sacrifices, la possibilité de façonner à son gré le cerveau des jeunes gens.

Elle sait donner à l'intérêt dont elle fait preuve pour ceux qu'elle cherche à grouper l'apparence du dévouement et de l'affection.

Au fond, elle ne poursuit que son intérêt propre. Et la classe ouvrière elle-même ne s'y laissera point tromper.

Comment ne remarquerait-on pas que parmi les nations qui ont établi l'enseignement aux adolescents il ne se trouve aucune nation catholique ?

Et c'est pour cela que cet enseignement déjà si nécessaire aujourd'hui deviendrait, si la proclamation du Monopole était un fait accompli, un complément indispensable sans lequel toute l'action scolaire risquerait de n'avoir aucun effet utile.

## NOTE

Je me suis efforcé, dans le présent rapport, de mettre en lumière, avec la plus consciencieuse impartialité, tous les arguments invoqués par les A, soit en faveur de la Liberté d'enseignement, soit en faveur du Monopole, soit enfin en faveur de l'une des mesures intermédiaires proposées.

Dans le prochain bulletin, je donnerai les conclusions des différents rapports qui m'ont été adressés.

Chalon, le 9 mai 1914.

*Le rapporteur,*
*à la Commission permanente,*
J. REPIQUET.

## Conclusions des rapports et articles divers publiés au sujet du Monopole dans les bulletins des Amicales

**Ain.** — Jeantet, rapporteur. Conclut nettement au Monopole. *L'amicale est favorable au Monopole.*

**Aisne.** — Lechantre rapporteur. Conclut au Monopole et propose diverses mesures préparatoires — **Mennecier**, rapporteur, conclut nettement au Monopole.

**Allier.** — ARRONDISSEMENT de MOULINS : **Debord**, rapporteur, favorable au Monopole : **Després**, rapporteur, lui est défavorable. — ARRONDISSEMENT de MONTLUÇON : **Julien**, rapporteur, favorable au Monopole.

**Hautes-Alpes.** — (Rapports signalés par le bulletin de février mais non parvenus au rapporteur général). MM. **Fié, Fège et Ripert** : défavorables. M. **Manent**, favorable.

**Ardèche.** — **Giry**, rapporteur, nettement favorable.

**Ardennes.** — **P. Benoît**, rapporteur, favorable au Monopole.

**Ariège.** — **Saint-Alary**, rapporteur, défavorable au Monopole.

**Aube.** — **Rousselle**, rapporteur, favorable. **Carrut**, rapporteur, défavorable. *L'amicale s'est prononcée contre le Monopole à 43 voix de majorité.*

**Aude.** — **Jordy**, rapporteur, défavorable au Monopole, mais demande un contrôle sévère de l'école libre. *Le Conseil d'administration s'est prononcé contre le Monopole par 13 voix contre 2.*

**Bouches-du-Rhône.** — **Spinelli**, rapporteur, défavorable au monopole ; se rallie au projet Buisson.

**Charente.** — *Le conseil d'administration a voté le principe du Monopole.*

**Charente-Inférieure.** — *Le conseil d'administration se prononce contre le Monopole et nomme le camarade Proux rapporteur. Rapport non parvenu.*

**Cher.** — **Charbonnier**, rapporteur, favorable. *L'assemblée générale a décidé qu'une autre assemblée générale qui se réunirait en juillet serait chargée d'indiquer au délégué du Congrès le sens de sa décision.*

**Corse.** — **Fillon**, ou **Fellon**, rapporteur, défavorable.

**Côte d'or.** — **Seguin**, rapporteur, expose les arguments pour et contre, mais ne conclut pas. Les décisions seront prises par les cantonales de juin.

**Côtes-du-Nord.** — Le Cuziat, rapporteur, expose les arguments pour et contre et en fait la critique. Il ne conclut pas, s'en référant à l'Assemblée générale.

**Creuse.** — Beluchon, rapporteur, favorable, et comme mesure préparatoire demande l'amendement Brard. *L'Amicale a adopté les conclusions du rapport.*

**Doubs.** — Robardet, rapporteur, demande une liberté sévèrement réglée : pas de Monopole intégral, pas de liberté absolue.

**Drôme.** — *Sur la proposition du président, les avis étant extrêmement partagés, l'A. a ajourné la discussion et l'étude de la question.*

**Eure-et-Loir.** — Caillé, rapporteur, défavorable au Monopole ; demande des garanties suffisantes aux maîtres privés, un changement du mode de recrutement des instituteurs publics et pour ceux-ci une situation enviable. Letaillandier, rapporteur, favorable ; le Monopole serait souhaitable au point de vue pédagogique et ne léserait aucun droit ; mais sa nécessité ni son efficacité à tout autre point de vue ne sont pas démontrées. En tout cas il ne pourrait se faire que par étapes successives dont la première serait le Monopole de la préparation des maîtres.

**Eure.** — Levasseur, rapporteur, défavorable au Monopole. *Le Conseil d'administration adopte les conclusions de Levasseur.*

**Finistère.** — Berrivin, rapporteur, favorable. Mazé, rapporteur, défavorable, demande qu'on augmente les droits du personnel et qu'on fasse de nous des collaborateurs et non des serviteurs.

**Gard.** — Bastide, rapporteur, favorable. Rouveret, rapporteur, défavorable. *14 sections se sont prononcées pour la liberté d'enseignement, 8 pour le Monopole, 1 mi-partie pour, mi-partie contre, 1 n'a pas conclu.*

**Haute-Garonne.** — Union Amicale : Vidal, rapporteur, défavorable, se rallie au projet Buisson. Cercle Pédagogique de Saint-Gaudens : Capéran, rapporteur, défavorable, demande l'interdiction absolue d'enseigner pour les anciens congréganistes.

**Gironde.** — S. P. Girondine : Brunetier, rapporteur, favorable, demande que le gouvernement fasse appliquer les lois sur l'enseignement, que les lois de défense laïque soient mises en application, que les projets de Monopole partiel soient étudiés et tentés de manière progressive, que l'éducation des adolescents soit organisée. Persigout, rapporteur, se rallie à l'organisation progressive du Monopole par les mesures suivantes ajoutées aux précédentes :

Controle sévère de l'enseignement privé ; Monopole de la préparation des maîtres et de la collation des grades, collaboration de plus en plus étroite des associations professionnelles et de l'administration ; création d'un comité consultatif des maîtres, des familles, des associations pour l'élaboration des programmes régionaux ; collaboration syndicale entre éducateurs et ouvriers dans tous les ordres de l'activité sociale. **Ternis**, rapporteur, favorable.

**Hérault.** — **Nazon**, rapporteur, défavorable au Monopole ; se rallie au projet Buisson. *L'Amicale rejette toute idée de Monopole et se rallie au projet Buisson ou à tout autre projet analogue.*

**Ile-et-Vilaine.** — **Noël**, rapporteur, favorable. Un rapport particulier de **Planty** discute les arguments pour et les arguments contre et conclut au Monopole.

**Indre.** — **Mérigot** et **M**<sup>lle</sup> **Panis**, rapporteurs, proposent la nationalisation de l'enseignement et exposent, en 30 articles, une nouvelle loi organique de l'enseignement primaire, laissant subsister les écoles privées mais avec délégation de l'Etat. *7 cantonales pour le Monopole, 4 pour la liberté contrôlée, 1 pour le Monopole mitigé ; dans 2 les avis sont partagés, 1 n'a pas d'avis, 2 ajournent la question.*

**Indre-et-Loire.** — **Dupuis**, rapporteur, favorable. **Forest**, rapporteur, défavorable. *L'assemblée générale a voté la liberté d'enseignement sous le contrôle de l'Etat.*

**Jura.** — Amicale n° 1. **Tournier**, rapporteur, pour les sections de Saint-Claude et Poligny. *Le comité ne prend aucune décision.*

**Landes.** — **Bonnefemme**, rapporteur, défavorable, demande le maintien du Monopole actuel ; contrôle de l'enseignement privé ; égalité des titres dans les deux enseignements ; augmentation du nombre des élèves-maîtres.

**Loir-et-Cher.** — **Gaillard**, rapporteur, favorable. **Pagenot**, rapporteur, défavorable.

**Loire.** — **Fournier**, rapporteur, défavorable.

**Haute-Loire.** — **Foulhy**, rapporteur, défavorable. **Fouillit**, rapporteur, favorable.

**Loire-Inférieure.** — **M**<sup>lle</sup> **Chauveau**, rapporteur, favorable.

**Lot.** — **Doumercq**, rapporteur, favorable. **Rajade**, rapporteur, défavorable. *L'Amicale déclare que c'est au Parlement à faire une majorité pour ou contre le Monopole et non aux instituteurs.*

**Lot-et-Garonne.** — **Cassan**, rapporteur, expose les arguments pour et contre, conclut contre le Monopole intégral et se rallie au projet Brard. *Les membres du conseil d'administration estiment le Monopole nécessaire.* **Combalbert,** rapporteur.

**Lozère.** — **Deleuze,** rapporteur. *La S. L. prend ces conclusions provisoires : pas de Monopole immédiat ; défense et amélioration de l'école publique, garanties nouvelles contre l'École privée, réserver le Monopole comme suprême moyen.* Le rapporteur ajoute : alléger l'école élémentaire des enseignements controversés, organiser sérieusement l'enseignement des adultes.

**Maine-et-Loire.** — **Antier,** rapporteur, favorable. *L'Amicale a adopté les conclusions du rapport.*

**Manche.** — **Bargue,** rapporteur, favorable.

**Marne.** — **Rogez Léon,** rapporteur, défavorable, se rallie au projet Buisson, mais modifié dans le sens d'un contrôle plus sévère de l'enseignement privé et de conditions nouvelles d'ouverture et de fonctionnement des écoles libres.

**Haute-Marne.** — **Mutin,** rapporteur, défavorable au Monopole. Pas de décision ferme de l'A. qui semble se rallier au projet Buisson.

**Mayenne.** — **G. Catois,** rapporteur, favorable, demande que l'État monopolise l'enseignement tant par le choix du personnel que par la fixation des programmes.

**Meurthe et Moselle.** — **Lombard,** rapporteur, défavorable, demande que les écoles libres soient soumises au même régime que les écoles publiques ; que les mêmes titres soient exigés, que l'enseignement libre soit contrôlé, que les écoles libres dont les maîtres ne se soumettraient pas à la loi soient fermées, le vote d'un ensemble de loi assurant la liberté du père de famille dans le choix de l'école et protégeant l'école laïque contre la violence de ses détracteurs.

**Meuse.** — **Florentin,** rapporteur, favorable, demande, en attendant, le contrôle sérieux de l'école libre et l'obligation pour l'enseignement privé, de choisir ses livres sur la liste départementale.

**Morbihan.** — **Le Man,** rapporteur, favorable ; **Peuron,** rapporteur, défavorable.

**Nièvre.** — **Bourdeau,** rapporteur, défavorable. *L'Amicale demande que le contrôle de l'État sur l'enseignement privé soit renforcé.*

**Nord.** — **Vanderberoq,** rapporteur, favorable ; **Lesur,** rapporteur, conclut au Monopole en indiquant l'application progressive comme désirable et en attendant un contrôle sévère de l'enseignement privé ; **Juste,** rapporteur, défavorable, combat les conclusions de Lesur. *La commission administrative de l'A. se prononce contre le Monopole.*

**Orne.** — Lorel, rapporteur, favorable.

**Puy de Dôme.** — **Sigaud** et **Douglas**, rapporteurs, favorables ; **David**, rapporteur, défavorable. *L'A. demande que dans tout établissement d'instruction primaire, le personnel soit exclusivement composé de maîtres laïques (ou maîtresses), nommés par l'État.*

**Haute-Saône.** — M<sup>lle</sup> **Corillon**, rapporteur, favorable ; **Perrouillet**, rapporteur défavorable.

**Saône-et-Loire.** — **Jeannenot**, rapporteur, favorable, sous quelques réserves.

**Sarthe.** — **Lebrun**, rapporteur favorable ; **Leroy**, rapporteur, défavorable.

**Haute-Savoie.** — **Montessuit**, rapporteur favorable, demande la prolongation de la scolarité, la création de cours d'apprentissage, de cours du soir, et qu'on encourage les œuvres post-scolaires ; **Chavoutier**, rapporteur, défavorable, demande le contrôle de l'enseignement privé. *L'Amicale se prononce contre le Monopole par 144 voix contre 119.*

**Seine.** — Association professionnelle. **Cherbuy**, rapporteur défavorable, demande l'application de la nouvelle loi relative aux Caisses des écoles, des lois de défense laïque, l'organisation et l'obligation de l'enseignement des adultes, des subsides pour les œuvres post-scolaires, la suppression des privilèges de l'enseignement privé et son contrôle effectif.

La fraternelle, **Fèvre** et **Berceron**, rapporteurs, défavorables, demandent l'application des lois actuelles, le contrôle effectif de l'enseignement privé, le vote de la proposition Brard, le vote du projet Buisson, le développement des Caisses des écoles, le recrutement du personnel assuré par une juste rémunération et des garanties contre la responsabilité civile et l'arbitraire, l'organisation des œuvres post-scolaires et de l'enseignement professionnel.

Union amicale, **E. Gouffé**, rapporteur, défavorable. Se rallie à la proposition Brard ou à la proposition Buisson.

**Seine-et-Oise.** — **Bougeâtre**, rapporteur, présente les arguments pour et contre sans conclusion ; **Boucher**, rapporteur, défavorable. Un rapport **Quélavoine** est contraire au Monopole.

*L'amicale se prononce contre le Monopole sous réserve des conditions ci-après : maintien du statu quo avec la défense effective des maîtres de l'école publique, contrôle sérieux scolaire et post-scolaire de l'école privée, contrôle entraînant des sanctions réelles, adoption du projet Brard.*

**Seine-Inférieure.** — Tilloy, rapporteur. *L'Amicale demande qu'avant d'en venir au Monopole contre lequel ne s'élève aucune objection de principe, le Parlement vote les lois de défense laïque, organise les Caisses des écoles, les patronages laïques et l'enseignement post-scolaire.*

**Somme.** — Pionnier, rapporteur, défavorable. *Presque toutes les sections ont été d'avis de repousser les mesures tendant à établir le Monopole dans certaines régions ou dans certaines communes.*

**Tarn.** — Caminade, rapporteur, défavorable, demande le contrôle et la surveillance de l'école libre.

**Tarn-et-Garonne.** — Combalbert, rapporteur, favorable. *Le conseil d'administration estime nécessaire le Monopole comme seul moyen utile de défense.*

**Var.** — Pascal, rapporteur, favorable. Coulomb, rapporteur, défavorable, demande le contrôle de l'enseignement privé et l'obligation pour l'Etat de réserver ses fonctions aux seuls élèves des écoles publiques. Un rapport **Georges**, défavorable au Monopole, se rallie au projet Buisson. *L'Amicale du Var, arrondissement de Draguignan, se déclare contre le Monopole. Elle demande le maintien du statu quo sous réserve que les maîtres laïques soient effectivement défendus par les pouvoirs publics, qu'un contrôle sérieux soit établi au point de vue scolaire et post-scolaire sur l'école privée, qu'un diplôme unique soit exigé pour les deux enseignements.*

**Vaucluse.** — Allègre, rapporteur, défavorable. **Ricard**, rapporteur, défavorable.

**Vendée.** — Blanconnier, rapporteur, favorable, et demande en attendant le vote de la proposition Brard, étendue à toutes les communes où les locaux sont suffisants. *L'A. émet un vœu favorable au Monopole.*

**Vienne.** — Bouchet, rapporteur, ne conclut pas. *6 sections se sont prononcées pour le Monopole total, 7 pour le Monopole partiel, 11 contre le Monopole.*

**Vosges.** — Géhin, rapporteur, favorable. Cependant, si le Monopole n'est pas voté, Géhin demande une surveillance active de l'enseignement privé, des lois répressives contre les fauteurs de désordre, des sanctions au C. E. P., le rendant nécessaire dans tous les emplois de l'Etat, le stage scolaire, la suppression des faveurs aux fonctionnaires non républicains, l'obligation pour l'instituteur privé de choisir ses livres sur la liste départementale.

**Yonne.** — Martin, rapporteur, favorable. **Peigné**, rapporteur, défavorable. *L'Amicale se rallie aux résolutions Clémendot : subventions aux œuvres post-scolaires et principalement*

*aux patronages, pas de Monopole actuellement, mais l'enseigne-
ment privé pouvant disparaître d'un moment à l'autre, l'État a
le devoir de se préparer à donner à tous l'enseignement nécessaire ; il doit augmenter le nombre des entrées dans les E. N. ;
assurer une surveillance effective des écoles libres, et l'étendre
jusqu'au recrutement du personnel, à l'organisation pédagogique
et à l'enseignement lui-même.*

**Territoire de Belfort.** — **Mornier**, rapporteur, défavorable, demande le contrôle de l'enseignement privé, l'égalité des
titres, une liste particulière de livres, approuvée par l'Inspecteur d'Académie, la suppression du C. E. P. privé, la tenue
régulière d'un registre d'appel, l'application de peines disciplinaires aux maîtres privés ayant désobéi à la loi.

**Département d'Oran.** — **Maupoit (?)**, rapporteur, favorable.

**Guyane française.** — **Quémon**, rapporteur, favorable.

*Le rapporteur à la Commission permanente,*

J. REPIQUET.

CAHORS & ALENÇON, IMPRIMERIES COUESLANT. — 17.558.